문학과지성 시인선 **410**

에듀케이션

김승일 시집

문학과지성사

문학과지성사에서 펴낸 김승일의 시집

여기까지 인용하세요(2019)

문학과지성 시인선 410
에듀케이션

초판 1쇄 발행 2012년 4월 27일
초판 21쇄 발행 2025년 6월 27일

지 은 이 김승일
펴 낸 이 이광호
펴 낸 곳 ㈜문학과지성사
등록번호 제1993-000098호
주   소 04034 서울 마포구 잔다리로7길 18(서교동 377-20)
전   화 02)338-7224
팩   스 02)323-4180(편집) 02)338-7221(영업)
전자우편 moonji@moonji.com
홈페이지 www.moonji.com

ⓒ 김승일, 2012. Printed in Seoul, Korea

ISBN 978-89-320-2297-0 03810

이 책의 판권은 지은이와 ㈜문학과지성사에 있습니다.
양측의 서면 동의 없는 무단 전재 및 복제를 금합니다.

문학과지성 시인선 410
에듀케이션

김승일

2012

시인의 말

내 심장 속엔 선생님이 있다.

2012년 4월
김승일

에듀케이션

차례

시인의 말

조합원   9
같은 과 친구들   11
마녀의 딸   14
우리 시대의 배후   16
방관   18
객관적인 주체   20
부담   22
촛불을 끌 수 없어요   24
연출 입장에서 고려한 제목들   27
대명사 캠프   32
나의 자랑 이랑   34
화장실이 붙인 별명   38
선잠 자는 전봇대   40
우리는 악수를 한다   42
에듀케이션   44
멋진 사람   48
사마귀 박스   50
호객꾼들이 있던 거리   54
영향력   56

의사들 59
가명 60
병원 62
죽은 자를 위한 기도 63
다음 68
펜은 심장의 지진계 72
초록 77
생생한 78
오리들이 사는 밤섬 80
옥상 84
독일전 87
체육관의 우울 90
옷장 92
웃는 이유 100
거제도는 여섯 살 102
만나요 105
같은 부대 동기들 112
미안의 제국 114
왜 초등학교를 졸업하면 어린이날 선물을
받지 못하는가? 116
모래밭 118
접촉 120
파리대왕의 우편배달부 122
빗속의 식물 126
두꺼운 그림 129
손가락 셈 132

방법이 있어 133
귀신의 용도 136
난 왜 알아요? 138
2011년 6월 23일 140
홀에 모인 여러분 146

해설 | 도롱뇽 공동체의 탄생 · 함돈균 157

Voulez-vous coucher avec moi, ce soir?

조합원

　식기 시작한 것들은 미끄러웠어 할머니가 쏟은 가래, 도롱뇽 알, 갓난아이, 녹조 위로 떨어지는 햇볕, 개천으로 뛰어드는 친구들, 친구들을 따라 뛰어드는 나, 딛는 곳마다 물이끼가 밟히고 수온은 미지근했지

　머리가 오백 원짜리 동전만 한 올챙이들 나는 올챙이가 초식 동물인 줄 알았어 한 놈 대가리에 열이 붙어 씹고 있을 적에도
　풀을 뜯어 먹는 줄 알았어 개미 떼가 빨고 있는 사탕 파리 떼가 엉겨 붙은 석양 녘에도 피 흘리지 않는

　내 또래 애들은 물이끼를 밟고 풍덩 넘어지는 것을 좋아해 그래서 나도 넘어져봤어 친구들, 친구들처럼…… 꿀꺽꿀꺽 개천 물을 마실 때마다 가시가 달린 청각(靑角)처럼 비린내처럼 쉽게 팬티 속으로 들어오는 것들

　한 번 들어온 징그러움은 영원한 협력자다

우리가 걸어가면 우리는 네 마리 도롱뇽들, 따라오던 내 동생은 아까 넘어져서 돌쩌귀에 머리를 찧었는데 아직 거기 꼼짝 않고 누워 있는데 피는 한 방울도 나오지 않았지 친구들은 계속 걸었고
 나도 따라 걸었어 우리는 네 마리 도롱뇽들 물을 너무 마셔서 콧물만 나왔어

 야광 잠바를 입은 친구가 신발 사러 엄마랑 백화점에 간대 그런데 기침을 자주 하는 애도 다섯 시에 태권도를 간대
 내 동생도 집에 가서 설거지를 해야 하는데
 저렇게 누워만 있어

 우린 꽤 멀리 왔지? 그런데 다들 어디 갔니? 난 우리가 어딘가 당도(當到)하려는 줄 알았는데

 뒤집혀진 장갑 속에서, 기름에 전 장화 속에서
 나 알을 찾았어 축 늘어진 청포도, 청포도였어

같은 과 친구들

 삼총사라고 알려진 우리 네 명은 어느 날 바닷가 마을의 작은 민박집으로 여행을 떠났던 것이다. 좁은 방 한 칸에서 막걸리를 부어 마시며. 우리는 삼총사라고 알려졌는데. 어째서 이렇게 할 얘기가 없는 것일까?
 어쩌면 이 여행은 우리 삼총사들의 이별 여행일지도 몰라. 여행을 떠나기 전날 학사 주점에서 밤새도록 떠들었던 이야기들이. 어쩌면 우리들의 마지막 레퍼토리.
 더는 할 얘기도 없고. 멀뚱멀뚱 서로의 상판만 보고 있자니. 정말 우리가 그렇게 친한 친구들인지. 확신이 서지 않는 것이다. 이 모든 것이 어쩌면 기분 탓일까? 어제까지 우리는 형제나 자매라도 된 것인 양. 친숙하고 친밀했는데.
 우리의 유년 시절이 너무나 비슷했기에. 우리가 읽은 책. 우리가 들었던 노래. 우리가 했던 사랑. 이 모든 것이 마치 한 사람의 일처럼 비슷했는데⋯⋯
 바닷가 마을의 민박집에서. 그런 것은 더 이상 우

리를 한 덩어리로 만들어주지 않고. 지난하고 어색하기 짝이 없는 것이다. 유년 시절. 다시 유년 시절의 얘기를 해보도록 하자.

유년 시절? 유년 시절이라니. 다루고 다뤄서 바닥까지 아는 얘기를 친구는 또 늘어놓았던 것인데.

나는 부모한테 많이 맞았어. 거의 학대 수준이었지. 처음 듣는 학대 이야기에 불현듯 삼총사들의 눈이 초롱초롱 빛나기 시작하는 것이었다. 우리도, 우리도 맞았어. 우리도 학대를 당했다니까?

이것 참 굉장한 공감대로군. 유년 시절에 학대당한 경험 때문에. 지금의 우리가 있는 것일까? 맞고 자란 우리들의 취향. 우리들의 사랑. 미친 부모를 만난 탓으로. 우리가 서로 닮은 것일까?

아빠가 창밖으로 나를 던졌지. 2층에서 떨어졌는데 한 군데도 부러지지 않았어. 격양된 삼총사는 어떻게, 얼마나 맞고 컸는지 신나게 떠들어대는 것이었다.

니가 2층에서 떨어졌다고? 나는 3층에서 던져졌단다. 다행히 땅바닥이 잔디밭이라 찰과상만 조금 입었지. 어째서 우리를 던진 것일까? 이유는 잘 모르겠지만. 나는 4층에서. 아빠가 4층에서 나를 던졌어.

 그게 말이 되는 소리니? 어떻게 4층에서 던져졌는데도 그렇게 멀쩡하게 살아남았어? 게다가 어떻게 그런 부모랑 아직도 한집에서 살 수가 있니? 너한테 말은 이렇게 해도.

 사실은 너를 이해한단다. 내가 더 학대받았으니까. 나는 골프채로 두들겨 맞고 알몸으로 집에서 쫓겨났거든. 우리는 서로의 손을 부여잡고. 그랬구나. 너도 알몸으로 쫓겨났구나. 여름에 쫓겨났니, 겨울에 쫓겨났니? 나는 겨울에 쫓겨났었어.

 정말로 겨울에 쫓겨났었니? 아무리 친구의 부모라지만 정말로 너무한 부모들이군. 니가 우리 삼총사 중에 가장 많이 맞고 컸구나…… 그렇게 결론을 내리고 보니. 더 이상 할 얘기가 딱히 없었다.

마녀의 딸

> 빙하의 경계가 남부로 내려오며, 여름에 눈이 내리고
> 우물이 얼어붙는 등 인간에게 너무나 혹독한 시기였다.
> ─볼프강 미하일, 「1678년」

솥 안에서 눈이 녹는다. 마을 사람들이 모두 마실 만큼 모이려면 얼마나 걸릴까요. 장작이 모자란단다.

왜 눈밭에 얼굴을 문질렀니? 때를 벗기려고요. 동상에 걸려서 이마가 부풀었다. 내가 너무 더러워서 친구들이 따돌렸어요. 잘했다. 한동안 학교엔 못 가겠구나.

줄줄

마실 물도 없는데 울면 어떡해. 마실 물이 있다면 씻을 거예요. 정 그렇다면 눈물로 세수를 하지 그러니. 줄줄줄줄 터진 볼이 쓰려서. 나는 더 많이 울었다.

겨울이 끝나지 않아서. 사람들이 네 엄마를 태워

죽였어.

그래서 우리 집엔 물이 없지요.

하지만 아빠. 나는 알 수 없어요. 팔 하나가 잘리면 천국에서도 팔 하나가 없듯이. 잿더미가 된 엄마는 천국에서도 잿더미인가요? 그렇다면 할머니가 불쌍해. 여든 살에 죽었으니까. 차라리

나도 크면 십자가에 매달릴래요. 그렇지만 딸아. 장작이 모자란단다. 마을에 숲이 하나 더 있다면 우리는 겨울을 끝낼 겁니다. 이것은 아빠의 말이었지.

우리 시대의 배후

 주인은 셔터만 올려놓고 나가서 돌아오지 않았다 4열 횡대로 스무 개씩 쌓인 아시바, 비쩍 마른 사람의 팔뚝만 한 철사들 거리의 어느 가게에도 주인은 없다 나라고 알 수 있나 그런데도 쇠가 조용히 넘치고 있는 이유를

 자 이제 나는 연탄난로 뒤에서 낮잠을 잔다 내가 누울 때면 꼭 꼭 이웃 가게에선 고속 절단기를 돌리기 시작하지 옆집 아저씨가 왔나? 나는 입에 단내를 풍기며 달려가지만 한 번도 그가 돌아온 적은 없다 붉은 굴렁쇠 하나가 저 혼자 입구로 굴러오다 철퍼덕 넘어질 뿐

 토이 스토리에 나오는 몰래 움직이는 이야기들처럼 철들은 가만히 있다 날마다 빈 트럭이 와서 저들의 친구들을 한가득 싣고 갈 때에도 그들은 참고 있다 파이프들에게 친구는 눈 깜짝할 사이에 만들 수 있는 것 도시는 어차피 주인이 부재한 파이프들을 따라 한

몸으로 맴돌고 있는 것이지

 아마 주인도 친구를 사귀러 갔을 거야 나는 쉽게 생각하기로 한다 바퀴가 한 개뿐인 구루마를 밀어보면서 문이 떨어져 나간 새장을 바라보면서 나는 낮잠을 잔다 불 꺼진 유곽의 창문이 그렇게 하듯 검고 단단한 돌멩이가 될 때까지 동그랗게 그렇게

 그 빈 기쁨들을 지금 쏟다 친구여*

---

* 기형도, 「포도밭 묘지 1」.

방관

　부모가 죽고 세 달이 흐르자 형제는 화장실 청소를 할 사람이 없다는 것을 깨달았다. 샤워를 할 때마다 바닥에 오줌을 누는 동생, 치약 거품을 천장에 뱉는 형, 바닥은 노란색 천장엔 파란 얼룩, 형제는 일주일 전부터 소원해지기 시작했다.

　형은 매일 아침 운동화를 닦고 테니스를 치러 나가네. 아마 역기도 서른 번씩 드는 모양이야. 형이 끈을 다 묶고 현관을 나설 때까지 나는 일부러 코 고는 소리를 낸다. 형, 잘난 형, 형은 기도문도 여럿 암송할 줄 알지? 형의 중얼거림은 언제나 새하얀 한 켤레 신비.

　강해지고 싶어서, 나는 오늘도 학교에 가지 않았다. 성모상에 걸린 형의 묵주를 팔목에 치렁치렁 감고 방 안에 드러누우면. 어쩐지 생각이 많아지는 것 같아. 몸속 어딘가에서 힘이 솟는 것 같아. 커튼을 치고 현관문을 잠그며, 형이 돌아오지 않았으면 좋겠어. 나는 하루 종일 결연하다.

형은 동생을 때릴 때 찝찝하지 않아? 나까짓 게 때리면 부끄럽지 않아? 싸울 때 부끄럽다니, 형제란 건 사내답지 않군. 나는 배시시 배시시, 입속에 고인 피를 세면대에 뱉는다.

타일 사이사이로 누런 십자가, 형이 변기에 앉아 똥을 누면서 양치질을 할 때 새파랗게 질린 구름, 나는 샤워를 하면서 오줌을 눈다. 하필이면 화장실에서 형제는 왜 또 치고받을까? 확실한 것은 그들이 수치를 나눠 갖기 위해 싸운다는 것. 이것이 그들의 종교. 주먹이 까졌다. 창피하게.

객관적인 주체

어머니는 병원에서 받은 처방전을 들고 활짝 웃는다

막 헬스장을 다니기 시작한 여자애들의 팔뚝처럼

물컵에 담긴 물이 얼면서 부풀고 있다

아무도 눈치채지 못하도록 천천히

상징은 실재를 상상한다

아버지의 주먹은 조금씩 붓기 시작해서

권투 글러브를 낀 것처럼 거대해졌네

싸움은 과연 상반되는 목적을 위해 진행되는가

티브이에 나온 전문가들은 대부분

옆으로 자는 것이 척추에 좋다고 말한다

그러나 어떤 날엔 대부분

똑바로 누워 모든 것을 더 천천히 진행시키십시오

아무것도 적혀 있지 않은 처방전처럼

이것은 언제나 깨끗한 기호

부담

 동생의 마음이 이해 가지 않는 것은 아니다. 나도 양아치였으니까. 그렇지만 나는 깨달아버린 것이다. 학교에 가지 않는 양아치보다는 학교에 가는 양아치가 더 멋있다는 사실을.

 부모가 죽고 세 달이 흐르자, 숙제가 밀리면 그 숙제는 하지 않는다. 그것이 형의 방식. 형이라서 라면을 먹어, 역기도 들고, 찬송하고, 낮잠을 때리지. 형이라서, 형이라서 배탈이 났어요. 나는 학교에 늦게 간다. 하고 싶다면 너도 형을 해. 그러나 네가 형을 해도. 네가 죽으면 내 책임이지.

 학교에서, 나는 농구하는 애. 담배 피우는 애. 의자로 후배를 때린 선배. 아버지가 엄마보다 늦게 죽을 줄 알았어. 자주 앓는 사람이 오래 사는 법이니까. 부모가 동시에 죽고, 이제 누가 화장실 청소를 하나? 형이라서 배탈이 났어요. 이십 분 간격으로 물똥을 눈다. 창피하게. 동생이 옆에서 샤워를 한다. 구석구석.

친구들이 모두 집에 돌아간 뒤에도 나는 학교에 남아 침을 뱉는다. 구령대에서, 나는 침을 멀리 뱉는 애. 부모가 죽고 세 달이 흐르자. 부모가 죽고 네 달이 흐른다. 그리고

운동장을 가로지르며 동생이 뛰어온다. 변기에서 쥐가 튀어나왔어. 괜찮아. 내일부터 학교에 오자. 똥은 학교에서 누면 되지. 그래 그러면 된다.

촛불을 끌 수 없어요

 무대 위의 촛불을 입으로 불고 나는 무대 위의 왕과 술래잡기를 하기로, 무대 뒤편으로 사라지기로, 동침을 하러 가기로,

 되어 있고

 촛불이 꺼지지 않는다 무대 위의 왕은 눈가리개를 하고 앉아서 여배우님 어서 촛불을 꺼요 서서히 암전되는 무대 위에서
 술래잡기를 시작할 수 있도록

 무대 위의 어둠 속에서 우리들의 합궁이 상상되도록 나도 어서 촛불을 끄고 싶은데 어제는
 촛불이 꺼졌으니까 오늘도 꺼지는 촛불일 텐데

 입으로 불자 촛불이 커진다 손바닥으로 부채질을 하자 왈칵, 촛농이 흐른다 심지가 길어진다 히쭉히쭉,

객석이 술렁거리면

 실신을 하게 될지도 몰라 왕은 영문을 모르고 술래잡기, 술래잡기를 기다리고 나는 분장실로 업혀 들어가 모든 것이 촛불의 잘못이에요 꺼지지 않는 촛불을 염두에 두지 않은
 대본의 잘못이에요

 이렇게 말하지는 않을 것이다 변명하는 사람이 제일 싫다고 연출 선생님이 그랬으니까 촛불이 안 꺼지면 꺼졌다 치고
 왕과 비가 무대에서 퇴장하기를

 조명 전환수가 바라고 있다 당신이 하는 일의 특성상 당신은 끊임없이 바라고 있다 사랑에 빠졌다고 백 번을 치고 훅훅, 백 번의 촛불을 *끄고*
 백한 번째 촛불 앞에 앉아서

촛불이 꺼지기를 바라고 있다 객석이 왜 이렇게 소란스럽지? 무대 위의 왕은 영문을 몰라 도대체 사람들이 왜 웃는 거지?
따라서 웃어보는 무대 위의 왕

왕이 내 허벅지를 꼬집고 있다 술래잡기, 술래잡기를 시작하라고 옆구리를 수차례 퍽퍽 찌르고 마침내 왕은 눈가리개를 풀어

본다,

우리가 하는 일의 특성상 촛불이 끊임없이 불타고 있다 무언가 바라는 게 있다는 듯이 왕이 촛불을 끈다 왕비가 끄는 것이
불가능하게

연출 입장에서 고려한 제목들

1. 아니야, 넌 끌 수 있어

2. 연출의 말

3. 연극에서 할 수 없는 일?

4. 촛불을 들고 퇴장하시오

5. 껐다고 치면 되잖아

6. 방법이 있어

7. 있을 수밖에

8. 일단 퇴장하세요

9. 내가 언제 그랬니? ―(부제) '변명이 제일 싫다고'

10. 연극이잖아

11. 움직이고 나서 생각해

12. 유도리 (순발력)

13. 손바닥으로

14. 심지를 덮어서 꺼요

15. 너 해고

16. 내가 여배우라면

17. 가정 시간

18. 변명하지 마

19. 용서합니다

20. 어차피 연극이니까

21. 어쨌든 연극이잖아

22. 대처하세요

23. 미래파

24. 연출 입장에서 고려한 제목들

25. 지혜야!

26. 그건 네 생각이지

27. 할 수 없는 일 가운데 할 수 있는 일 찾기

28. 이해해

29. 네 말이 맞아

30. 그래, 그 촛불은 끌 수가 없다

31. 포기

32. 연극이라도

33. 관대한 연출

34. 이해합니다

35. 연극이 정지합니다

36. 연극의 기초

37. 무제

38. 미쳤니?

39. 너무 당황하지 마

40. 왕은 껐잖아

41. 그렇게는 연극할 수 없어요

42. 나는 연출이다

43. 너는 배우다

44. 나야말로 촛불을 끌 수 없어요

45. 이 사람아

대명사 캠프

  이름을 불길해하는 사람들. 윤곽을 좋아하는 사람들이 있다. 나를 나라고만 소개하고, 너를 너라고만 부르는 사람들. 우리는 대명사 캠프에서 만날 거예요.

  갈대를 그것이라고 하고. 바람도 그것이라고 하고. 그것이 그것에 흔들린다고 하면. 주문을 웅얼거리는 기분이 된다. 주문을 그것이라고 하고 기분을 무엇이라고 하면. 우리는 그것을 웅얼거리는 무엇.

  당신은 어디서 살다 왔나요? 저기서요. 이럴 수가. 나도 당신처럼 저기서 왔어요. 당신의 저기와 나의 저기가 같다고 생각합니까. 그렇게 생각하면 위로가 되죠. 우리는 빙 둘러앉아서. 캠프파이어의 대명사가 되려고 한다.

  황당하군. 여배우더러 이름도 없이 살라는 건 사형선고죠. 그녀를 그녀라고만 불러서 속상한 사람이 생겼다. 서운하면 돌아갔다가. 돌아오고 싶을 때 돌아오세요.

 이름을 많이 부르면 빨리 죽는대. 엄마, 엄마, 자꾸 부르면 빨리 죽을까 봐. 나는 엄마한테 너라고 한다. 공교롭게도, 너도 나를 너라고 부르지. 죽음, 죽음, 자꾸 불러서 죽음은 더 유명해지고. 나는 나를 나라고 소개하네. 우리가 우리 속으로 더 깊숙이 들어갈 때.

 대명사 캠프는 캠프의 대명사. 우리는 빙 둘러앉아서. 캠프의 윤곽만 남길 것이다. 캠프를 그것이라고 하고. 윤곽도 그것이라고 하고. 그것의 그것만 남을 때까지. 우리는 캠프파이어의 대명사. 우리는 그것에 흔들리면서. 우리는 그것을 중얼거린다.

나의 자랑 이랑

  넌 기억의 천재니까 기억할 수도 있겠지.
  네가 그때 왜 울었는지. 콧물을 책상 위에 뚝뚝 흘리며,
  막 태어난 것처럼 너는 울잖아.
  분노에 떨면서 겁에 질려서. 일을 하고 살아야 한다는 것이, 네가 일을 할 줄 안다는 것이.
  이상하게 생각되는 날이면, 세상은 자주
  이상하고 아름다운 사투리 같고. 그래서 우리는 자주 웃는데.
  그날 너는 우는 것을 선택하였지. 네가 사귀던 애는
  문밖으로 나가버리고. 나는 방 안을 서성거리며
  내가 네 남편이었으면 하고 바랐지.
  뒤에서 안아도 놀라지 않게,
  내 두 팔이 너를 안심시키지 못할 것을 다 알면서도
  벽에는 네가 그린 그림들이 붙어 있고
  바구니엔 네가 만든 천가방들이 수북하게 쌓여 있는
  좁은 방 안에서,
  네가 만든 노래들을 속으로 불러보면서.

세상에 노래란 게 왜 있는 걸까?
너한테 불러줄 수도 없는데.
네가 그린 그림들은 하얀 벽에 달라붙어서
백지처럼 보이려고 애쓰고 있고.
단아한 가방들은 내다 팔기 위해 만든 것들, 우리 방을 공장으로, 너의 손목을 아프게 만들었던 것들.
그 가방들은 모두 팔렸을까? 나는 몰라,
네 뒤에 서서 얼쩡거리면
나는 너의 서러운,
서러운 뒤통수가 된 것 같았고.
그러니까 나는 몰라,
네가 깔깔대며 크게 웃을 때
나 역시 몸 전체를
세게 흔들 뿐
너랑 내가 웃고 있는
까닭은 몰라.

먹을 수 있는 걸 다 먹고 싶은 너.
플라타너스 잎사귀가 오리발 같아 도무지 신용이 안 가는 너는, 나무 위에 올라 큰 소리로 울었지.
네가 만약 신이라면
참지 않고 다 엎어버리겠다고
입술을 쑥 내밀고
노래 부르는
랑아,

너와 나는 여섯 종류로
인간들을 분류했지
선한 사람, 악한 사람……
대단한 발견을 한 것 같아
막 박수치면서,
네가 나를 선한 사람에
끼워주기를 바랐지만.
막상 네가 나더러 선한 사람이라고 했을 때. 나는 다른 게 되고 싶었어. 이를테면 너를 자랑으로 생각하는 사람.
나로 인해서,
너는 누군가의 자랑이 되고
어느 날 네가 또 슬피 울 때, 네가 기억하기를
네가 나의 자랑이란 걸
기억력이 좋은 네가 기억하기를,
바라면서 나는 얼쩡거렸지.

화장실이 붙인 별명

 무엇이든 만들 수 있으니까. 나는 시멘트를 가능성이라고 불렀다. 수건걸이를 설치할 때. 가능성에 못이 박혔다. 이봐, 가능성 기분이 어떤가? 가능성엔 기분이 없었다.

 바닥에 고인 물 때문에 미끄러지는 일이 없도록. 타일은 간격을 원했다. 물은 간격을 타고 하수구로 간다. 천천히. 동생이 샤워를 하면서 오줌을 눈다. 변수로군. 나는 동생을 변수라고 불렀다. 이봐, 간격에게 사과를 하지 그래? 변수는 배신이었다.

 엄마는 변기에 앉아 거실을 바라보았다. 왜 문을 열고 싸는 거야? 텔레비전이 하나잖아. 아빠는 거실이었다. 부모가 죽자. 변수에게 거실은 학교였다. 변수는 급식도 먹지 않고 하루 종일 누워 있었다. 형이 학교에서 돌아와 학교로 들어오면 변수는 일어나서 샤워를 했다. 형은 자꾸 지각이었다. 거실이 사라지고 있었다.

부모가 죽고 세 달이 흐르자. 아무도 화장실을 청소하지 않았다. 네 달이 흐르고. 변기에서 쥐가 튀어나왔어. 그렇다면 변기는 수영장이로군. 다섯 달과 여섯 달을. 나는 행진이라고 불렀다.

지각은 지각인데도. 쥐가 무서워서 똥을 누지 않았고. 나는 화장실이라 화장실에 가지 않았다. 다시 행진. 이제 나는 캄캄한 창고 같았고. 학교가 된 거실처럼. 간격은 변수 같았다. 이봐, 수영장. 창고 안에 고여 있는 기분이 어떤가? 똥이 없어서 쥐가 죽었어. 가능성에게 화장실을 맡기고. 굶어 죽은 쥐를 보러. 나는 창고에 갔다. 캄캄한 가능성 위에 부모처럼 누워. 배신이 기다리고 있었다.

선잠 자는 전봇대

> In la sua volontade é nostra pace*
> ―단테, 『신곡』 천국편, iii: 85.

있는 힘껏 똑바로 서면 손해이다. 모두들 조금씩 기울어져 있기 때문에. 홱 누워도 손해이다. 허리가 두 동강 날 것이기 때문에.

서로 손해만 보는 일을 전봇대는 하고 있다. 머리에 전선을 매고 그들은 질문 중이다. 왜 모든 것은 연대책임일까?

깊이 잠들지 않고 더 많이 질문하기 위해 그들은 서서 잔다. 얼마나 경제적인가 꿈속에서도 머릿속이 지끈지끈 복잡한 날은.

종종 전봇대들이 쓰러진다. 허리를 찢고 주황색 철근이 삐져나온다. 어른들은 혀를 찬다. 누워서 꾸는 꿈은 어떤 느낌일까? 아이들은 초조한 듯 다리를 떤다.

묵묵히. 노동자들이 잔해에 물을 뿌린다. 전봇대들이 그것을 바라본다. 전선이 머리를 더 팽팽히 죄어 올 때에도. 그들은 계속 본다.

 전선은 끊임없이 달려 나간다. 그들은 고무를 신었다. 누가 더 멀리 달아나고 있는 것일까? 90°, 75°, 180°, 누가 더 많이 버티고 있는 것일까? 삐삐 삐삐 삐삐.

 일어날 시간이야. 알람이 울린다.

---

* 그분의 의지 속에 우리의 평화가 있다.

우리는 악수를 한다

이를 닦으며 생각한다
왜 애인이 나를 때리는 것일까
손날로 내 뒷목을 휙휙 내려찍는 것에 대해 싱글싱글 웃으며 애인은 말한다
이건 실제로는 전혀 아프지 않은 프로레슬링
거울 속에 파랗게 부푼 내 귀를 머리카락으로 가리면서
그렇다 이것은 계산된 놀이

방 안에 이불을 펼치며 애인은 왜 시끄러운 것을
좋아하는 것일까 내가 편지를 쓰면 애인은
하루 종일 씩씩거린다
말로 하지 않으면 안 되는 일에 대해
거짓과 고백
전선 위에 앉은 새들의 비명에 대해

형광등 스위치를 누르며 그래도 애인은 욕심 없는 사람

아무것도 궁금하지 않아도 멈추지는 않는 사람

약속을 잊어버린 옆집 아이가 손바닥을 쫙 펴고 울음을 터뜨린다 아이의 엄마가 더 큰 소리로 울기 시작하고
나는 포수처럼 과묵하다

우리는 매일 그렇게 해
형광등을 켤 때 하는 일을 끌 때에도 하는 것처럼
영영 헤어질 때에도 똑같이
그는 거리에서 나는 집에서
온종일 함께 누워 낄낄거리며 이를 닦는다
거품을 문다
우리는 악수를 한다

에듀케이션

아니야, 내가 말할래. 내가 나를 해결하고 싶어라. 오늘은 정말로 나만 말할래. 어제처럼 그제처럼 내가 말할래. 있잖아 낳아서 키우고 싶어. 정말이야 딸아이를 키우고 싶다.

기대가 좋아서 릴케가 좋아. 온 평생을 기다리고 기다리다가. 발레리를 만나고 끝났다는 말. 릴케야, 너가 그랬지. 끝이 난 줄 알았다고 너가 썼잖아. 끝이 다시 저 멀리 달아났나 봐? 네가 쓴 문장은 그렇게 읽혀.

내 방에서 만들었지 딸아이 방을. 훔쳐봤어 내 방에서 딸아이 방을. 밀려왔다 밀려가는 벽이 있는 방. 나랑 같이 건너가자 딸아이 방에. 답장 없는 편지를 자꾸만 썼다? 아니야, 괜찮아 나는 쓸 거야. 하루에 한 통씩 쓰고 싶어라. 초대장은 원래 그런 거잖아? 답장을 기대하지 않는 거잖아?

이거 봐, 딸아이가 이거 보라고. 아빠 이거 내가 만들었다고. 애들은 그러더라? 이거 보라고. 뚝, 뚝, 부러뜨린 나뭇가지를 가지런히 땅바닥에 늘어놓고서. 보라고, 딸아이가 보라고 하면. 나는 볼 것이다 나뭇가지를. 낑낑 부러뜨린 나뭇가지를.

몰랐어요, 우리가 멀어질 줄을. 선생님 우리 멀어졌지요? 선생님이 제 졸업에 동의하셨죠? 선생님은 자주 가끔 겪은 일이죠? 제가 정말 아무것도 몰랐을까요? 몰랐어요 선생님이 골초라는 걸. 들었어요 어떤 애가 말해줬어요.

뽑기를 어렸을 때 매일 먹고서. 나는 단 것에 신물이 났지. 그리고 나는 내 딸아이에게 단 것을 먹이지 않을 것이다. 단 것을 먹는 친구 옆에서. 단 것을 물끄러미 바라보면서. 눈은 펑펑 내렸고 집은 멀었지. 길이 꽝꽝 어는 것을 바라보았어.

케이크랑 차를 파는 가게에 앉아. 웬만하면 나는 내 딸아이에게 단 것을 먹이지 않을 것이다. 언제든지 저가 먹고 싶을 때 흔쾌히 고구마 케이크를 사서. 눈물도 안 나와서 도리 없을 때. 입에다 넣고 씹을 수 있게. 달게, 죄책감 한 개도 없이.

쓸쓸하고 머나멀고 도리 없을 때. 혼자서 가야 하는 먼 집 쪽으로. 내 방에서 내가 만든 너의 방으로. 너의 책장, 너의 침대, 너의 창으로. 초대받는 것이 결국 신물이 나면. 아빠, 다른 쪽도 충분히 멀어. 미끄러운 빙판길을 종종거리면.

들었어요, 선생님이 골초라는 걸. 속았어, 감쪽같이 속았습니다. 나랑 멀어지고 나서 담배 피웠어요? 아니죠? 언제부터 담배 피웠어요? 있잖아요 선생님 그거 알아요? 저 요즘 사는 게 너무 좋아요.

북 치는 걸 배워볼래? 박자를 알게. 아빠는 박치라

서 곤란하거든. 박치는 쉬지 않고 계속 떠들지. 딸아이를, 딸아이를 사랑한다고. 밤새 지껄이는 거지 까닭도 없이. 사랑이 사랑도 아닐 때까지.

 끝이 난 줄 알 테니까 태어나보렴. 두 손으로 내가 너를 떠받들도록. 그리고 너는 새빨간 얼굴. 어느 날 너는 무척 창백한 얼굴. 그래서 너는 카페에 가네. 단 것을 사 넣으러 카페에 가네. 아니지, 그럴 수도 있겠네. 기쁘다. 어쩌면 기쁠 수 있지.

 요즘엔 사는 게 너무 좋아서. 재잘거렸습니다. 정말 좋다고. 어제처럼 그제처럼 정말 좋아서. 들었어요, 멀어진 선생님 근황. 그리고도 사는 게 너무 좋아서. 내 방에, 방공호에 드러누워서. 나는 배웠습니다. 고요한 눈물. 기다렸습니다. 중요한 것을.

멋진 사람

 초인종이 울려서 문을 열었어. 짱깨가 철가방에서 너를 꺼냈지. 너는 그렇게 태어난 거야. 고모가 자주 하는 얘기. 나는 그 얘기를 너무 좋아해서 듣고 듣고 또 들었다. 나만 그렇게 태어났지? 이것은 오래된 바람.

 내가 배달된 해에, 할아버지가 둘 다 죽었다. 집안에 큰 인물이 태어나면 초상이 난다지. 이것 역시 내가 정말 정말 좋아하는 이야기. 나는 얼마나 유명해질까? 기대가 된다. 그러나

 손금이 평범해서 나는 울었지. 그래도 손금이 평범하다고 우는 애는 나밖에 없을 거야. 있으면 어떡해? 조금밖에 없을 거야. 그렇지? 실컷 울었더니 손금이 변했어.

 지하철 선로로 뛰어들었다. 나는 평범함보다는 평평함이 좋아.* 모르는 사람들이 나한테 화를 냈다. 괜

찮아요. 열차가 오려면 십 분 남았어. 나는 이목을 끄는 사람. 나중에 유명해질 때까지 기다리기 싫었어요. 어쨌든

할아버지들은 돌아오지 않는다. 이것이 혹독한 현실. 하지만 사명감은 갖지 않을래. 사명감이 없는 애는 나밖에 없을 테니까. 있으면 어떡해? 있으면 좋지. 짱깨가 내 앞을 지나갔다. 폭주족처럼. 이목을 끌며 멋있게.

* 프랑시스 퐁주, 「테이블」.

사마귀 박스

 잊어버린 것들이 실험받았다 미아, 고아, 사마귀들아 우리가 너희를 마흔 마리나 잡았지 가을에 채집해서 박스에 넣고 키우려고 했다 상추를 넣고, 우쭐했다 우리 마을에 채집할 사마귀가 더는 없어서

 커다란 박스가 다시 커다랗게 보일 때 너무 커서 눈에 띄는 택배 박스가 사마귀 집이란 게 기억났을 때
 봄이라는 계절이 뚜렷해졌다 박스가 조용했다 무생물처럼

 친구 집에 가져갔다 사마귀 박스 친구가 열어보지 말자고 했다 박스를 가지고 온 저의가 뭐니? 잊어버린 것들이 실험이 됐어, 방문을 잠그고 열어보았다 사마귀 박스니까 조심하면서

 나는 영원한 나를 믿었다

 귀퉁이마다 알을 낳은 암사마귀들, 한 마리당 두

덩이씩 알을 낳았다 태어나는 과정에서 모두 죽었어 낙하하다 얼어버린 폭포수처럼, 알을 깨고 양수랑 쏟아지다가 허공에서 함께 굳어버렸어

  수컷을 잡아먹는 암사마귀가 수컷을 잡아먹지 않았다 이상하지? 사마귀들이 동족을 잡아먹지 않다니
  어떻게 그렇게 확신하느냐고 친구가 물어봤다 당연하잖아

  세어봐 모두 마흔 마리야 하나씩 건드리며 세어보려고 너는 비닐장갑을 꼈다 미친놈아, 씨발아, 너 병신이냐? 서른여섯 마리잖아 너 또라이야? 뭐라고? 개새끼야! 다시 세어봐,

  그리고 마흔두 마리였다

  상추가 말랐다 말린 꽃처럼 신기하지? 너라면 참을 수 있니? 사마귀가 상추를 먹지 않아서 식성이 목숨

보다 더 강하였다
 땀이 차서 축축해진 장갑을 벗고,

 우리는 사마귀를 계속 만졌다 배가 터져 죽은 암사마귀는 알을 싸면 원래 배가 터진다 너희들,
 늙어서 죽은 것은 수사마귀들, 해충을 먹어서 이로운 벌레 시체를 우리는 연거푸 세어보았고

 난처하게 마흔두 마리였고 그래서 우리는 계속 세었다 친구야, 나 시체를 너무 만져서 정신이 이상해지는 것 같아…… 역겨운 박스, 친구가 열어보지 말자고 했다 나도 열어보기 싫다고 했다

 그러면 대체 누가 열었지?

 기억 안 나? 네가 열었어 커터 칼로 테이프를 쓱쓱 끊어서 사마귀 박스를 네가 열었어
 자기가 박스를 열었다는 걸 친구는 새까맣게 잊어

버렸다

친구는 죽을 것이다

호객꾼들이 있던 거리

 코너를 돌면 다시 구멍가게가 나왔습니다. 구멍 속에서. 어디 가요, 어디 가요, 나도 내가 어디 가는지 모르겠는데. 자꾸 물어봤어요. 서성거리던 어린아이 하나가 초콜릿을 사달라고 졸랐구요. 직접 까서 입에 넣어주었는데, 왜 너는 계속 따라올까요? 집에 가요, 집에 가요, 우리 집에 가자는데. 그 집은 우리 집이 아니라 너희 집이잖아. 언제부터 우리가 친구였다고. 친구, 친구, 집에 가재요. 친구를 따라 코너를 돌면 벽마다 무수히 뚫린 구멍들. 여관으로 들어가는 입구였습니다. 사방에서 아이들이 튀어나와 집에 가요, 집에 가요. 손가락으로 옆구리를 꾹꾹 찔렀구요. 내 바지 주머니에 저들 손을 집어넣고 키득키득 휘저었어요. 애들 머리를 쥐어박자 애들 아빠가 뛰쳐나오고. 우리 애들을 때렸으니 집에 가요, 집에 가자며 빤히 쳐다봤습니다. 이 거리에 처음 들어섰을 때. 억만 가지 집들이 떠올랐어요. 억만 가지 불길하고 불쌍한 집들. 지금은 당신이 싫지 않지만. 당신 집이 좆같으면 당신을 저주할 거야. 그래서 필사적으로 도망을 쳤던 거예요. 소매치길 당했는지 주머니가 허전했는데. 돌아가면 꼼짝없이 집에 갈까 봐. 큰길까지 빠져나와 숨을 골랐죠. 작은 여자아이 하나가 머리에 꽃을 꽂고 다가와서요. 엽서를 사달라고 부탁했어요. 소녀의 어깨를 확 밀치고 나는 부르르 떨었습니다. 엽서는 네 친구들한테 팔지 그러니? 네 친구들이 지갑을 훔쳐갔잖아. 얼씨구, 그래 울어라. 뭘 잘했다고 울어? 소녀의 등 뒤로 코끼리 한 마리가 걸어왔구요. 코끼리 등엔 포스터가 부착되어 있었습니다. 서커스 코끼리로군! 나는 배낭에서 돈을 꺼냈고. 그래도 소녀는 울었습니다. 엽서도 사줬잖아 그만 좀 울어. 코끼리는 소녀를 밟을 것처럼 앞발을 높이 들었는데요. 그 애는 거기 서 있었어요. 다시 만날 것처럼.

영향력

 소포를 뜯어보니 고양이 머리가 나왔어. 누나가 울면서 자랑을 했다. 이 고양이는 내가 밤마다 밥을 주던 고양이란다.

 내가 되레 걱정할까 봐. 누나는 내 머리를 쓰다듬는다. 괜찮아 더한 일도 겪었으니까. 누나는 더한 일도 겪었다.

 무슨 일이요? 묻지 말아줘. 더한 일이 역겨워서 도망간 친구들만큼. 더한 일은 활활 타오른단다. 친구들…… 도망가서 속이 편할까. 그러나 그들은 누나랑 같은 학교에서. 급식을 먹을 때 함께 앉았다.

 누가 고양이를 죽였을까. 누나는 멸치를 먹으면서 한때 친구였던 사람들을 의심해보았다. 누가 죽였든, 우린 이제 친구가 될 수 없어. 나는 쓸쓸한 내가 마음에 들거든. 누나가 식당에서 혼잣말을 하면 절교한 친구들이 사방에서 킥킥거렸다.

어떤 여자가 밥을 주는군. 고양이가 울면서 밥을 먹었다. 어떤 사람이 목을 조르는군. 고양이가 울면서 버둥거렸다. 꿈에서 내가 고양이였어. 누나가 새벽에 전화를 했다. 괜찮아 더한 꿈도 꿔봤으니까.

더한 일이 만약 세 가지라면. 도망간 친구들은 몇 개나 알고 있어요? 몇 개인지는 상관없어. 더한 일은 그냥 거대한 하나. 누나는 그렇게 말했지만. 뜯으면 백 개도 될 것 같았다.

기다려줄래? 더한 일이 얼마나 더한 일인지. 준비가 되면 말해줄게. 하지만 누나가 언제 말하든. 하나도 새롭지 않을 거예요. 나도 백 개나 겪었으니까. 누나가 팔짱을 뺐다. 하나도 새롭지 않을 거라고? 하나도 들리지 않을 거예요.

니가 이런 앤 줄 알고 있었어. 너보다 어린 애도 만

났으니까. 드르륵, 누나가 교실 문을 닫고 나가고. 나는 시계를 쳐다보았다. 수업이 시작되면 조퇴하려고.

의사들

이마에 손바닥을 올리고 눈을 감는다. 아닌 것 같다. 맞을 수도 있다. 병원에는 안 갈 것이다.

어떤 것 같아? 사람들이 내 이마를 만지기 시작한다. 이봐요, 뭐라고 말 좀 해봐요. 하나같이 눈을 감고 고개만 갸웃거리네.

사람들이 나 때문에 눈을 감을 때. 나는 눈을 크게 뜬다. 우리들에게 무슨 일이 일어나고 있는 걸까?

그냥 평범한 감기 같아. 비로소 네가 고개를 든다. 그런 것 같애. 한숨을 크게 쉬고, 나는 다음 사람에게 간다. 어떤 것 같아?

나는 겁이 나지만 마스크는 쓰지 않을 것이다. 마스크를 쓴 사람들은 늘 혼자 있었다.

가명

유언을 할 시간이 필요했어.
연속극처럼 울면서.
우리 집엔 쥐가 있단다.

결혼은 새로운 친척들을 만들었어.
우리는 그들의 이름을 자주 까먹었지. 우리가 알 수 있도록 그들은 이제 묘지에 있어.
우리는 형체를 알 수 없을 만큼 짓이겨졌지. 화장을 원했어. 시체도 부모잖아? 쥐가 있는데.
우리는 덫을 놓지 않았어. 죽은 쥐도 쥐잖아. 큰애가 쥐를 무서워해서. 쥐를 인정하지 않았어.

우리는 작은애를 잘 몰랐지. 학교에 가서. 큰애는 늦게 오고, 작은애는 일찍 왔어.
작은애를 껴안고 거실에서 잠을 잤어.
왜 텔레비전을 틀어놓고 자는 거야? 나는 내가 안 자는 줄 알았어. 거실을 좋아하는 아빠에게 거실이 없는 집은 어떤 의미일까.

엄마가 거실에 있었어. 아빠가 오지 않았어.
아빠를 데리러 갔어.

우리가 죽고 세 달이 흐르자. 우리가 죽고 네 달이 흘렀어. 변기에서 쥐가 튀어나오고.

우리는 누구일까?
작은애가 우는 것을 지켜보았어.

큰애는 학교에 있어.

병원

이가 아파서 치과에 간 날
아야야 나는 우는데
의사는 웃으면서 이를 뺀다

죽은 자를 위한 기도

나라는 것이, 나라는 것이 시작되면. 보는 것이 시작되고. 손자들이 젓가락으로 상을 세 번 두드린다. 듣는 것이 시작되면.
잘되게 해주십시오.

한 명씩 엎드려서 기도를 한다.
술잔을 세 번 돌린다.

듣는 것은 아까 시작되었지. 듣는 것을 마지막으로 더 이상 시작이 없어. 잘되게, 잘되게……
나는 듣는다.

꿇어앉은 고손자 애는 잔 돌릴 차례의 사람들에게. 부드럽게 세 번씩 꺾어 따르고.
나는 그걸 하염없이 보고 있었고.

고손자는 키가 큰 청년.
술 받고 웅크려서 눈을 감는다.

무슨 기도를 하지? 고손자는 한동안 뜸을 들이다. 할머니, 언제나 건강하세요. 속으로 그렇게 중얼거린다.

죽은 사람한테 건강하라니?

자신이 기원한 건강에 대해. 고손자는 의문을 품고. 손자의 의문을 듣는 중이다. 얼굴도 모르는 고조할머니.

그녀의 건강을 네가 빌었고. 건강이라는 것이 시작되었어.

이상한 건강을 묵상하면서.
고손자는 한쪽을 바라보는데.

어쩌면 저 애가 날 보는 걸까? 보고 있다는 생각이 든다. 저 애가 내 쪽을 바라보아서. 내 쪽이라는 것이 시작이 되고.

생각이라는 것이 시작을 하고.

고손자가 어슴푸레 살 향길 풍겨. 냄새 맡는 것이 시작되었다. 그런데 이게 너의 살 향기라면. 어째서 진작 풍기질 않고. 새삼스레 방금 시작된 걸까?
의심이라는 것이 시작을 하고.

나는 믿으려고 킁킁거린다. 고손자 애한테 바짝 붙어서. 생각이라는 것이 시작됐으니.
이것은 붙는다는 생각일지도.

손자들이 차례로 술을 돌리고, 돌렸던 술을 나눠 마시고. 고손자의 입술이 잔에 닿는다.
입김이라는 것이 잔에 어리고.

입술이라는 것이 시작되었다. 수족은 제쳐놓고 달랑 입술만. 입술만 자그맣게 시작되어서.
자꾸만 더 작아지기 시작하는……

나는 봤다. 입술의 시작과 끝이.
거의 동시에 시작되는 걸.

시작과 동시에 시작투성이. 수족이 없는, 입술이 없는, 끝장날 건덕지가 없는 나는.
어쨌든 바짝 붙을 수 있지. 바짝 붙어서 쿵쿵거리지.

이것이 붙는다는 생각이라면. 생각이 온종일 시작된다면. 손자들이 차례로 술을 돌리고, 돌렸던 술을 나눠 마시고.
고손자의 입술이 잔에 닿는다.

증손자 중에서도 가장 큰애가. 내년부턴 너희들의 증조부까지. 증조부까지만 지내겠다고.

말하는 것을 쳐다본 다음. 보는 것은 내가 시작된 다음. 듣는 것도 내가 시작된 다음. 바짝 붙는다는 생각 속에서.
　다음은 생각되었다.

다음

애야, 너는 곧 죽을 거란다. 예상해보렴. 네 생각엔 네가 언제 죽을 것 같니.

헬렌? 모른다고 하지 말랬지.
알고 싶다고 말하랬잖아.

알고 싶다고 말하랬다고. 알고 싶다는 말만 한다면. 네가 정말로 알고 싶은지.
선생님이 어떻게 알지?

선생님은 실망은 하지 않지만. 선생님이 왜 실망을 하지 않는지.

헬렌? 모른다고 하지 말랬어.
알고 싶다고 말하랬잖아.

모르핀에 절어 침상에 뻗은. 네 육체는 이제 너랑 상관이 없다.

내가 너라면 궁금할 거야.
오늘의 간호사들이.

어째서 너를 뒤집는 건지. 그것도 욕창이 생긴 다음에⋯⋯ 어째서 욕창이 생기기 전엔⋯⋯

헬렌? 가진 게 오답뿐이면
알고 싶다고 말하랬잖아.

그런 다음 다시 오답을 말해. 그러면 선생님이 믿어주지. 헬렌이 얼마나 알고 싶은지.
헬렌이 어느 정도 절실한 건지.

선생님이 몰라서 묻는 것 같니? 정말 몰라서 묻고 있을까?

헬렌? 그걸 왜 나한테 묻니.

내가 왜 알 거라고 생각하는데?

네가 왜 나한테 묻고 있는지. 선생님은 그게 더 알고 싶구나. 죽기 전에 알고 싶은 것들을.
죽고 나서는 알 수 있다고. 네가 어떻게 확신하는지.

헬렌? 선생님은 알고 싶은데.
알고 싶다고 표현하는데.

너는 계속 똑같은 질문만 던지고 있어. 죽어서는 볼 수가 있고. 죽어서는 들을 수 있고.
벙어리도 노래를 부를 수 있나?

당연히 그렇게 믿고 싶겠지. 네가 얼마나 믿고 싶은지. 그게 도대체 얼마큼인지.

헬렌? 선생님도 알고 싶은데.
알 도리가 없으니까 알고 싶은데.

너는 선생님이 알고 있다고. 오로지 그렇게 믿고 싶구나? 정 그렇다면 믿어도 좋아. 네가 듣고 있는 내 목소리가.

정말로 네 선생님 목소리라면.

헬렌? 너는 언제 죽은 것일까.
선생님이 묻고 있잖아?

내가 네 선생이라고. 네가 그렇게 믿고 싶다면.

헬렌? 어서 대답해보렴.
실망은 굉장히 하기 쉽지만.

선생님은 내색하지 않을 테니까.

펜은 심장의 지진계*

 너는 마음에 들어 했지. 문학을 전공했던 수학 과외 선생을. 듣는 자세를. 그런데 너는 이제 경멸하잖아? 한때 문학을 전공했던 수학 과외 선생을.

 지난 오 년 동안. 흔들의자처럼 나는 끄덕였다. 너의 나이, 너의 일기, 너의 습작품.
 수학은 하나도 안 가르치고. 너의 집을 나선 날. 11월의 첫눈 속에서. 나는 나를 진정시키려 했지.

 문학을 알아! 나는 문학을 포기했는데. 너랑 친해질 만큼은 문학을 알고. 버스 정류장까지 뛰어서 갔다. 문학을 알아! 담배를 빨다가 기침을 했다. 나는 문학을 알아!

 온도계를 좋아해서 물을 끓였다. 하루에도 몇 번씩 물을 끓였다. 눈금이 새겨진 막대 속에서 수은주는 부드럽게 솟아오르지. 맨 위에 쓰여 있는 눈금을 향해.

수은주는 아름답다. 지루하지만. 불을 껐다. 온도계가 터지지 않게. 나는 온도계를 좋아하니까.

기억하니? 우리가 왜 헤어졌는지. 네가 숙제를 안 해왔잖아. 오 년 동안 한 번도 수학 숙제를. 제대로 해 온 적이 없어서.
화가 나서 벽만 봤지 침묵하면서. 기억하니? 무슨 일이 더 있었는지. 너도 말을 안 했잖아 두 시간 동안. 너랑 나는 성격이 비슷했잖아? 어쩔 줄을 모르는 게 비슷했잖아?

연락이 끊어졌어. 내가 끊었나? 나는 네가 무척 안쓰러워지. 너한테는 이별이 처음이라고. 그렇게 판단했어. 담배 피웠어.
슬펐니? 우리들의 마지막 수업.

축하해, 너 시인 됐더라? 읽었어, 너다운 시를 쓰더라? 그리고 너는 이제 끄덕이겠지. 문학을 포기한 사람들에게. 이해해요, 충분히 그럴 수 있죠. 아량을 베풀겠지 이해하니까.
  있잖아, 근데 너 까먹었잖아? 네가 나랑 어떻게 헤어졌는지. 모르잖아. 모르면서 시 쓰는 거니?

  문학을 포기한 사람의 시점을 통해. 뭘 말하고 싶은 거니? 용서받을래? 도대체 뭘 용서받고 싶다는 거야.
  위로하고 싶은 거니? 네 선생님을? 재밌어? 재밌으면 지어내도 돼? 선생님, 더는 못 쓰겠어요. 더는 못하겠어요. 선생님인 척.

  뭘 뜻할 수 있는 거죠? 우리의 이별. 선생님이 아직도 과외 한다고. 누가 말해줬어요. 유명하다고.
  왜 계속하는 거죠. 수학 과외를! 선생님 시 쓰세요! 시를 쓰세요! 남들 시를 보는 걸로 만족한다고, 만족을 하신다고 그러셨지만. 믿을 수가 없었어요. 못 믿었어요.

지진계를 좋아해서 펜을 잡았다. 펜은 지진계의 바늘이니까. 펜은 자꾸 떨고 있다. 심장을 통해. 지진계는 여진도 적어두니까. 심장아, 이제 무엇을 쓸까.

학생의 시점으로 마무리할까? 선생의 시점으로 마무리할까? 심장아, 심장아, 너는 모르지. 네가 다음 순간에 어떻게 뛸지.

학생은 언제까지 시인 노릇을. 선생은 언제까지 수학 과외를. 지속하는가? 무너진 가슴에다 손을 얹고서.
그러고서 당신은 비로소 쓴다. 어? 내 가슴이 무너졌구나.

내 가슴이 무너진 거.
너 알았냐고.

알면서 고개만 끄덕였냐고.

* G. 야누흐의 책 『카프카와의 대화』에서 카프카는 표현한다. "펜은 심장의 지진계입니다." 이 시의 초고는 문학나무에서 나온 『젊은시 2011』에 신작시로 실리게 되었다. 시가 책에 실리고 나서 과외 선생님에게 연락이 왔다. 그녀와의 통화 이후에 나는 「펜은 심장의 지진계」를 완전히 다시 썼다. 꼭 그렇게 해야만 했다. 나는 이 시를 두 번 다시 수록하지 않을 것이다. 나의 첫 시집에도.

초록

소녀들이 불을 피해서 물속으로 들어갔다.

미끌미끌한 물풀이 발에 감길 거야. 물풀은 숭숭 뽑히고 물풀은 아무 데나 움켜쥔다. 기억하렴.

너희가 물풀이 되면, 몇몇은 표면에 조개껍질을 달고. 몇몇은 테두리에 가시를 만들겠지. 발목에 집착할 거야.

너희는 하천 모래 바닥에 누워 있다. 서로를 문질러 주렴. 이젠 안심이니까.

천천히 수면 위로 상단(上端)을 내밀고. 억새들이 스르르 녹는 것을 지켜보았어. 우리가 지른 불이야. 한 소녀가 말했다. 얘, 반성하려고 물풀이 된 건 아니잖아. 불은 둑을 따라 달려 나가네. 모레는 한강을 다 태우고 수요일에는 퐁네프까지 잿더미로 만들 거야.

소녀들이 서로의 귀에 불어를 속삭였다. 근사해, 근사하구나, 하지만 너흰 물풀이잖아. 물풀이 숭, 숭, 뽑히고 있어. 아무 데나 움켜쥐는 물풀의 가시는 날카롭지.

물에서 나는 탄내는 무서운 것이었다. 냄새가 몸에 밸까 봐.

생생한

 고추를 단 소녀들이 체조를 하고 있네. 사각팬티를 입고 고추를 들썩거린다.

 너무 털렁거려서 실신할 때까지. 아찔아찔. 너도 나랑 같이 점프할래? 털렁거리는 것이 필생의 꿈이었던 것마냥. 소녀들이 팔 벌려 높이뛰기를 한다.

 남자친구야, 나한테 고추가 생겼어. 우리 이제 불알친구지? 니네 집에 가고 있어. 체조를 하면서 가고 있어. 너한테 발기하는 법을 배우고 싶어. 발기 푸는 법도 배워야겠어. 너네 집에서 자고 갈 거야. 너희 엄마한테 혼날 거라고? 왜 혼나? 불알친군데.

 우리 집 말고 잘 데가 하나 더 있어서 좋다. 불알친구의 침대, 불알친구의 이불. 너희 엄마가 방문에 귀를 대고 있어.

 말씀 안 드렸니? 우리가 이제 친구라는 걸. 하루 종일. 너랑 같이. 우리가 사귈 적 얘기를 나누고 싶다.

 얘기를 나누면서. 소녀의 고추는 앉았다 일어나고. 죽었다 살아나고. 새로 생긴 체조처럼. 끊임없이 움직일 거야. 소녀의 몸에는 조금씩 알통이 붙을 것이다.

네가 오지 말래서. 오늘은 너희 집에 가지 않았지. 아까부터 고추를 꽉 잡고 있어. 어떻게 죽이는지 아직 몰라서. 무작정 이렇게 꽉 잡고 있어. 내일은 너희 집에 가도 되니? 아니면 모레.

오리들이 사는 밤섬

 오리 보트 선착장에서 관리인 아저씨가 주의를 준다. 너무 멀리 가지 마세요. 돌아오기 힘드니까요.
 아저씨, 우리에 대해서 뭘 안다고 사서 걱정을 하시는 거죠? 페달 밟는 일이 힘들다는 건 우리도 이미 알고 있어요. 우리는 최대한 멀리 갈 거야. 돌아오기 힘들어도 괜찮습니다. 옛날에도 멀리 가봤거든요. 그때도 어떻게든 돌아왔어요.
 한강 뚝섬유원지에서 우리는 오리한테 밥을 주려고 강냉이도 한 아름 샀단 말이다. 오리 보트 위에서 밥을 뿌리면 오리들이 졸졸 따라올 거야. 우리가 탄 보트가 엄마 오리가 된단 뜻이지.
 그러나 아무리 돌아다녀도 오리는 한 마리도 보이질 않고, 우리는 페달에서 두 발을 뗀 채 한강 위를 지루하게 떠다닌다. 보트를 반납하기까지는 아직 삼십 분도 더 남았기에. 우리는 서로의 어깨를 빌려 삼십 분만 자려고 했던 것인데.
 찌뿌듯한 몸을 가누고 보니 한 떼의 오리들이 꽥꽥거리며 보트를 포위하고 있는 것이다. 일어나 봐, 여기 오리가 있어. 나는 너를 흔들어 깨우고. 저게 무슨 섬이죠? 저 섬에서 오리들이 날아오네요. 너는 아직 꿈을 꾸고 있는 듯하다.

저기 저 다리는 서강대교군. 그러면 이 섬은 밤섬이겠네. 어떻게 여기까지 흘러왔는지 그것은 도무지 알 수 없지만, 지금 당장 뚝섬으로 돌아간대도 연체료를 내는 건 똑같으니까. 강냉이나 좀 뿌려볼래요? 엄마 오리가 될 수 있는 기회잖아요.

오리들은 엉덩이를 씰룩거리며 정신없이 강냉이를 건져 먹는다. 이것 봐, 정말로 따라오잖아. 커다란 봉투 안에는 아직 강냉이가 많이 남았고, 우리들의 자식들은 자꾸 불어나.

저건 청둥오리, 저건 비오리, 논병아리, 왜가리, 쟤는 갈매기. 종류도 점점 다양해진다. 이윽고 강냉이가 다 떨어져서, 아쉽지만 다음에 또 같이 놀자. 나는 손을 흔드는데.

너희들은 아직도 엄마, 엄마 한다. 많이 먹었잖아, 이제 집에 가. 그러나 새들은 멈추지 않고. 바로 코앞까지 다가와서는, 아무것도 없는 수면에다가 하염없이 부리를 넣었다 뺀다.

먹이를 더 달라는 거니? 너희는 구슬프게 울고 있지만 그게 정말 슬프다는 뜻인지, 우리로선 딱히 알 수가 없어. 여기서 헤어지면 영영 이별인 것을 어쩌면 새들도 눈치챈 걸까?

웬만하면 뒤돌아보지 말아요. 쟤들이 우리를 따라오는 건 할 일이 없어서 그런 거니까. 죄책감을 느낄 필요는 없어. 그러나 너는 자꾸 뒤돌아본다.

유난히 마음이 약하다는 게 자랑이라도 되는 것처럼. 너는 아주 몸을 돌리고 손바닥으로 눈을 가린다. 오리들 때문에 이렇게 울면, 나랑 헤어질 땐 어쩌려구요.

선착장에 도착하면…… 우리는 각자의 가정으로 돌아가. 다시는 만나지 않기로 했다. 그것이 우리의 약속. 헤어지지 말자고 쫓아오는 새들 때문에 당신은 약속을 떠올린 것이 틀림없어. 그러나 이제 그만, 나 때문에 우는 건 그만두세요.

하지만 너는 더 꺽꺽 울면서. 당신 참 매정한 사람이군요? 비록 잠시였지만 그래도 우리 새끼였는데. 나는 쟤들을 보고 있으면 집에 있는 내 자식들 생각이 나요. 그런데 당신은 안 그런가 봐? 쉬지 않고 쏘아붙인다.

어쩌면 저 오리들도 어엿한 부모들이고, 강냉이에 혼이 팔린 부모들이고, 밤섬에 새끼들을 팽개치고 온 자격 없는 부모들이란, 그런 생각은 안 해봤나요?

나는 묵묵히 페달을 밟고. 밤섬에서 뚝섬까지 거슬러 간다. 내가 보기엔 부모들 같은, 다양한 새 떼들을 꼬리에 달고.

옥상

급식을 거른 아이들과
아파트 옥상으로 가서
담배를 피웠다
빈속에 헛구역질이 나서
관자놀이를 꾹꾹 눌러보기도 하고
배를 주먹으로 연신 쳐보기도 했다

옥상 바닥은 짙은 초록
햇빛을 튕겨내면서
뜨거워지는 방수 페인트
우리는 물탱크 그늘에 누워
지나가는 비행기를 바라본다
십오 분마다 한 대씩
비행기는 서로 조금씩 항로가 다르다
높낮이가 다르다
비행기를 가리키는
작은 손가락
소리 없는 점

산등성이를 세 번 뚫고
마침내 통과하는

나는 신발을 하늘 위로 들어 올려
비행기를 가려보았다
신발 속으로 사라졌다가
다시 신발 밖으로 나오는 비행기를
자꾸만 가려보았다

머리가 아파서 침을 뱉었다
아이들도 침을 뱉었다
수북한 꽁초 위에 침을 뱉으면
경비가 순찰을 돌 것 같아
내려가면 옥상 문에
자물쇠를 걸 것 같아
그런데 곧
내려가야 할 것 같아
우리는 속이 꼬일 때까지

담배를 피웠다

나는 옷을 벗고
팔을 머리 위로 쭉 편 채
엉덩이를 들어 올렸다

뚱뚱한 애가 핸드폰을 든다

독일전*

공원에 버려진 쓰레기를 주워 담았지. 사람들이 수건을 버리고 갔어. 쓰레기봉투를 팔목에 걸고 빙빙 돌리면서 집으로 걸어가는 길. 갑자기 조금 쌀쌀해졌어.

목말을 탄 어린애들이 노래를 부르기 시작해. 어린애들은 오늘이 무슨 날인지도 모르지. 지고 나서 부르는 응원가는 낭만적이야. 한 떼의 사람들이 따라 부르지. 마지막 축제야.

여름밤인데 가을 공기라**
응원 수건을 목에 감았어. 수건에선 석유 냄새가 나지. 이상한 일이야. 그렇게 수건을 버렸는데도 하나씩은 꼭 가지고 있어.

목이 쉰 아이들은 어깨에서 내려와 제 부모의 손을 잡고. 한 사람이 지치면 또 한 사람이 큰 소리로 선창을 했어. 주체할 수 없는 패배감이란 주체하고자 하는 사람들의 패배감이니? 우리는 어떤 사람들일까.

 박수는 따라 치면서 응원가는 절대로 부르지 않는 사람. 소리는 고래고래 지르면서 박수는 치지 않는 사람들. 내가 발견한 사람들이야. 그리고 그저 걷고 있는 사내. 앞질러 뛰어가는 사람.

 안녕, 조금만 더 가면 공원이 끝날 거야. 행렬이 흩어지는 순간 우리는 더 많아 보일까?

 응, 하늘에서 내려다보면.

* 2002년 월드컵 4강전은 한국과 독일의 경기였다. 한국은 후반 30분 미하엘 발락의 슛으로 1 대 0으로 패했다. 당시 중학생이던 김승일은 한국 마사회에서 운영하는 서울경마공원이란 곳에서 거리 응원을 했던 것 같다. 4강전에서 패하고 돌아오는 길에 대한 다른 묘사는 『김승일의 삶과 일기』, p. 47 참조. (CWS, 2034.)

** 유감스럽게도 여기서 한마디 덧붙이지 않을 수 없다. 2002년 한국 기상청의 기록을 확인한바(백한상의 『스포츠와 김승일』에 나온 대로), 2002년 6월 25일 경마공원 근처의 날씨는 '습기가 많고 무더웠다'는 것이다. 하지만 여전히 논쟁의 여지는 남아 있다. 인천 공항의 민정기는 「2002년 6월 25일, 김승일 문학의 날씨」(『한국의 기상』 9권, 2002. 6.)에서 어쩌면 그날의 저녁 날씨가 조금 쌀쌀했을지도 모른다는 주장을 강력하게 옹호했다.

체육관의 우울

 체육관에서 탁구 수업을 한다. 체육 시간에 구두를 신고 온 애들이 엎드려뻗치고 쉽게 용서받지 않는다. 운동화를 신고 마루 위를 뛰어다니면 칠판 긁는 소리가 나지.

 너희들은 용서받는다. 탁구 칠 준비가 되었으니까. 강당으로 쓰이는 체육관에서. 우리들의 졸업식이 있을 대강당에서. 너희들은 탁구를 친다. 석 달 뒤엔 모두 안녕이구나. 우리들이 입학했던 체육관에서. 내가 뻗치고 있는 거. 너희도 아니?

 알아? 운동장보다 좁은 체육관에서. 나는 자주 압도되었는데. 축구공을 까서 천장을 때렸어. 천장은 매우 높았지. 축구공을 가져왔다고 빠따를 맞았어. 고개를 들고 신음하면서. 나는 옥상에서 떨어지는 인쇄용지 같았는데.

 점수를 잃을 때마다 비명을 지르며, 크게 탄식을 하는 재미로. 친구들이 탁구를 친다. 체육관 천장에 목을 매려면 굴절 사다리가 필요할 거야. 만약이라는 가정 속에서 사다리는 차분히 사다리를 보낸다. 아무

소음도 없이.

  쉬는 시간을 십오 분 남기고. 구두 신은 애들이 용서받는다. 오늘은 구둣발로 체육을 해도 좋단 뜻이지. 그런데 나는 아직도 사다리 생각을 하고 있어. 같은 천장을 바라보면서. 나만 이렇게 찌푸린 걸까. 만약에 그렇다면.

  호루라길 불고 있는 여선생님이. 걱정스런 눈빛으로 뛰어오겠지. 대강당을 가로질러서.

옷장

1

 옷장 속에서 작은 아이들은 꿈을 꾸며 가장 작아진다.*

 옷장 안에는 옷 대신 겨울 이불이 쌓여 있어. 나는 로켓이 불을 뿜길 기다리고 있지. 이불장이 마구 흔들리고 드디어 우주에 다다른 순간. 옷장 밖으로 이불이 다 쏟아진다. 이불을 마구잡이로 흩뜨려놓고 나는 그 밑으로 기어 다녀. 이불 밑에 내가 있고 내 밑에 이불이 있지. 이불이 더 많았으면 좋겠다. 방 안 전체가 이불장이면 좋겠어. 겨울 이불의 빳빳한 냄새를 맡으면서 나는 이불 세 장에 짓눌려 있다. 공기가 희박한 이불 바다에서 나는 땀을 철철 흘리고 있지. "또 이불을 다 꺼냈구나. 나프탈렌 냄새는 몸에 나빠." 엄마는 이불을 다시 집어넣으라는 벌을 내렸지만. 나는 너무 작아서 이불을 들어 올릴 수가 없다. 나는 종종 이렇게 작아지곤 해. 엄마가 저녁상을 차릴 때는 접시보다 작아져서. 나는 그냥 식탁 앞에 앉아 있다.

너무 작으니까 아무 일도 할 필요가 없어.

 1월에 공포영화를 보고 나서 그해 여름까지 매일 밤 무서워서 대성통곡을 한다. 어차피 같이 죽을 텐데 옆에 사람이 있고 없고는 위로가 안 되고. 식음을 전폐한 채 삐쩍 말라가면서 나는 옷장 안에 숨어 있지. 옷장 안에는 세탁소에 갔다 온 옷들이 비닐도 벗지 않고 걸려 있어. 옷들이 전부 사람이면 좋겠다. 내 방이 옷장이고, 우리 집이 옷장이고, 우리 마을이 옷장이라면. 수만 명이 옷장에서 부둥켜안고. 나는 그중에서도 맨 구석에 숨어 있어. 귀신이 옷장을 열고 차례차례 죽이는 동안. 나는 제일 구석에서 내 차례를 기다릴 거야. 내 차례가 오려면 아직 한참 남았다고 생각하면서 나는 낮잠을 잔다. 세탁소 비닐들이 부스럭거리는 소리를 들으면서. 나는 꿈을 꾸며 마지막에 죽는다.

 그러나 내 방은 커다란 옷장이 되는 대신 커다란 옷장 여덟 개가 차지하고 있어. 우리 집엔 옷도 별로 없는데 왜 이렇게 옷장만 많은 걸까? 기역자로 니은

자로 디귿자로 옷장을 배치하면. 옷장은 벽이 되고 벽은 미로가 되지. "며칠 있으면 옷장 두 개를 버릴 거란다. 그러면 네 방도 넓어질 거야." 하지만 옷장보다는 차라리 책장을 버리고 싶어요. 책은 옷장에 넣어도 되잖아. 옷장 안에서 책을 보다가 미로 위에서 잠을 자도 좋을 것 같아. 친구들이 나더러 옷방에서 잔다고 놀려댄다면. 걔들이 뭘 모르는 거지. 너희들은 옷방에서 안 살지? 그것 참 불쌍하구나. 옷방은 커다란 바람막이고 옷방의 구석은 그늘이란다.

  아빠가 나를 옷장에 가둔 날. 옷장에 빗장이 걸리고 나는 옷장 안에서 울고 있다. 아까 전에는 억울해서 울었어. 지금은 옷장에서 나가기 싫어서 우는 척을 하고 있지. 한참 낮잠을 자고 일어나 보니 저녁 먹을 시간이 지난 것 같다. 옷장 안에선 배가 덜 고픈 것도 모르고 아빠는 나를 굶기고 있다는 죄책감에 시달리겠지? 옷장에서 안 나가면 학교에 안 가요. 학교에 안 가면 개근상을 못 받아요. 결국엔 아빠가 사과할 거야. 나는 옷장 안에서 문이 안 열리도록 꽉 잡고 있다. 옷장 속의 어둠은 싫지 않지만 그래도 작은 스탠드가 하나 있어서 나쁠 건 없지. 옷장 옆에 냉장고가 붙어 있어서 식량 조달이 가능하다면? 옷장이랑 냉장고 사이에 터널을 뚫는 거야. 이렇게 몇 가지 요건만 갖추어지면 옷장에서 사는 것도 꿈은 아니다.

　　2

　왜 아이들은 옷장 속으로 들어가는 것일까. 도둑이 들어와도 옷장 속에 숨고 전쟁이 일어나도 옷장 속에 숨는다. 내가 내 딸과 숨바꼭질을 하면 너는 백이면 백 옷장으로 들어가지. 아까도 옷장에 숨었잖아 왜 또 옷장에 숨니. 누굴 닮아 저렇게 단순할까? 만약에 전쟁이 터져서 군인들이 우리 집에 들어온다면. 절대로 옷장엔 숨지 마. 군인들은 옷장부터 열어본다. 나는 단단히 주의를 준다. 세탁기에도 숨으면 안 돼. 군인들은 세탁기부터 열어보니까. 냉장고는 말할 것도 없지. 군인들은 배가 고프거든. 지하철을 타고 남태령을 지나가면서 나는 아이들한테 설명해준다. 남태령에는 방공호가 있어. 전쟁이 터지면 대통령이 여기 와서 숨는단다. 방공호 안에는 2년 동안 먹을 수 있는 식량이 있어. 통조림이나 훈제 소고기겠지. 아이들은 칭얼거리지도 않고 잘 듣는다. 전쟁이 터지면 기필코 남태령에 와서 숨겠다고 다짐한다. 아이고, 이 녀석들아! 너희도 생각이란 걸 하고 살아라. 당연히 군인들이 방공호부터 공격할 텐데. 거길 들어가겠다고? 그러면 어디 숨어요. 집에 있으면 지붕 위로 폭탄이 떨어지고. 방공호에 있으면 제일 먼저 수색당하고. 차라리 옷장에 들어가서 낮잠 자다 죽을래요. 가스가 터져서 불이 났다고 한다. 누전이 돼서 불이 났다고 한다. 애들은 옷장 속으로 들어가서 서로 껴안고 죽었다고 한다. 옷장 속에서 작은 아이들은 꿈을 꾸며 가장 작아지고. 나는 애들을 구하러 달려가는데. 애들은 이미 손톱의 때보다도 작아져서 찾기가 쉽지 않아. 애들아 어디 갔니? 어디 갔어? 어디 있어?

　숨바꼭질을 하면서. 딸은 또 옷장 속으로 들어갔는데. 나는 침대 밑을 확인하고, 냄비 뚜껑을 열어보고, 서랍을 당겨본다. 내 딸을 잃어버리고 말았구나. 내가 옷장 앞에서 우는 척을 하면. 딸은 옷장 밖으로 나와 자지러진다. 한 번만 더 하자면서 딸은 다시 옷장 속으로 들어가고. 나는 또 딸을 잃어버린다. 그리하여 내 딸은 살인마가 쫓아와도 옷장에 숨을 것이다. 핵폭탄이 떨어지고 외계인이 침공해도 옷장 속에서. 실연을 당하고 사춘기를 겪어도 옷장 속으로. 딸은 더 깊숙이 들어가고 나는 더 많이 잃어버릴 것이다. 모든 것이 지나간 다음. 자지러지면서 옷장 밖으로 나올 때까지.

　　3

　작아져서 살아간다는 것은 잠깐 작아지는 것과는

차원이 다른 일이야. 사람들은 말하지. 옷장 속에서 살고 싶으면 인내심을 길러야 할 거라고. 당신은 작아진다는 것이 무슨 뜻인지 이해를 못 하는군? 옷장 속에서 아이들은 한 나라의 주인이 된다. 나는 아직 어린데 이렇게 큰 나라를 어떻게 다스리란 거지? 하지만 대개 운명이 그렇게 정해져 있는 법이야. 화살 한 방에 허무하게 죽는 것도 운명은 운명이니까. 아이들은 운명 속에서 작아지는데. 말을 타고 저 끝까지 뛰어가면 가도 가도 끝이 안 나고. 그래서 아이들은 끊임없이 가장 작아지는데. 여기서 인내심이 무슨 소용이니?

옷장의 결들은 수많은 얼굴이었어. 손가락으로 하나씩 윤곽을 그려주었지. 다 그릴 때까지는 밖에 나가지 말자. 나는 그렇게 다짐했던 것인데. 그러다 스르르 낮잠에 빠지기라도 하면 나는 어떻게 될까? 며칠 있으면 옷장 두 개를 버릴 거라고. 엄마는 그렇게 상상해본다. 옷장을 버리면 옷장은 무엇이 될까? 옷장 안에 있는 내 아들은 무엇이 될까? 어떤 옷장을 버릴지 아직 결정하지도 않았으면서. 그녀는 꿈을 꾼다.

* 김행숙, 「옷장의 보석」.

웃는 이유

두 친구가 서로 때리고 있어. 때리고, 맞아주고. 번갈아가며.

너희는 틈만 나면 팔 때리는 놀이를 한다.

재미가 있니? 누가 학교 짱인지. 누가 더 맷집이 센지. 서로 다 아는 애들이. 친한 애들이.

어깨랑 팔을 때리고 논다. 때리는 게 재밌어서 웃는 친구와 너무 아파 헛웃음이 터지는 친구.

집에 가면

샤워기로 뜨거운 물을 뿌리고, 문지르고, 분하지 않고, 비교적 덜 아픈 팔을 내밀어

이다음 쉬는 시간엔 또 다른 팔을, 다시 또 다른 쪽 팔을 내밀고.

거긴 멍이 심하니까 피해서 때려.

웃는다. 신이 난다. 누가 이길까? 누가 매번 이겼니? 글쎄요. 기록해두지 않는다.

이거요? 이건 게임이에요. 얘도 때리고 저도 때리고. 못 참는 사람이 지는 거예요. 그만해라. 위험해 보이는구나.

우리는 숨어서 계속

때린다. 단련하려고, 조폭들도 자주 이 게임을 한대. 행동 대원 말이지? 너도 그거 할 거야?

몰라, 뽑히면 해야 된댔어. 뽑혔는데 안 하면 어떻게 된대? 몰라, 더 세게 때려. 왜 갑자기 약하게 때려. 어차피,

내가 세게 때려도 안 아프잖아.

친구의 주먹은 훨씬 더 센 주먹인데. 안 아파서 두 친구는 웃지 않는다. 너는 왜 세게 안 때리는데?

다시 한 번 해보자.

거제도는 여섯 살

 우리는 해변에서 지켜본다. 그 애의 이모부가 그 애를 보트에서 던지는 것을.

 장난을 좋아하는 그 애의 이모부는. 우리들의 아버지, 우리들의 작은 아버지, 그리고 우리 남편이로군.

 그이가 우리들을 데리러 오네. 아빠, 어서 데리러 와요. 우리를 어서 태우고. 어서 저 애를 건지러 가요.

 그 애의 머리는 잠시 가라앉고, 또 잠시 솟구치면서. 제 이모부를 생각 없는 사람으로 만들고 있다.

 조금만 기다려. 네 이모부는 네가 자꾸 칭얼거려서 잠깐 바다에 던진 거란다. 그 애가 하루 종일 징징거렸으므로. 우리들은 조금씩 통쾌해진다.

 우리가 탄 보트가 그 애와 가까워지고. 그 애는 수면 위로 간신히 코를 내밀고 있다. 가엾은 우리 사촌 조카. 네 이모부가 참 짓궂구나. 그렇지?
 자 이제 보트에 오르렴. 거제도 인근의 작은 무인

도에서 휴가를 계속 즐기자꾸나.

 하지만 그 애는 여전히 물속에 있다. 자신을 잡아채려는 이모부의 손을 밀쳐내면서.
 부드럽게 가라앉고, 시끄럽게 솟구친다.

 나는 여기서 살 거야. 꽃게랑 조개를 먹고 살 거야. 그 애는 배가 고프고.
 한 발자국도 움직이지 않을 거야. 그 애는 쉽게 맹세를 한다. 알았어, 이제 정말 무인도로 가야 한단다.
 알겠니? 우리들은 놀러 갈 거고. 너는 두고 갈 거야. 그리하여 우리들은.

 작은 돌섬에서 멍게를 찬밥에 비벼 먹는다. 돗자리를 깔아놓고 낮잠을 잔다.
 저길 봐, 그 애가 아까 거기서 아직도 땡깡을 부리고 있어. 바다가 넓다고 생각하면서. 그 애의 이모부가 소변을 본다. 너무 오냐오냐 키워서 저래.

내키면 해변으로 돌아갈 거다. 그것도 제 발로 걸어가겠지.

까치발을 들지 않으면 코가 물에 잠기고. 반 발자국 앞으로 가면 까치발을 들어도 코가 잠기고. 키는 십 분 전보다 십 분 정도 자랐을 텐데. 아직도 코가 잠기는 것을 이해할 수 없다는 듯이.
그 애는 시끄럽게 첨벙거린다.

바라는 것을 알아낸 다음. 하나도 들어주지 말란 말이야. 우리들의 아빠를 형부라고 부르면서. 그 애의 엄마는 고개를 끄덕인다.
오늘은 저 애를 달래지 않을 거예요. 처제의 결정에 형부는 만족하고.
우리들도 덩달아 기분이 좋다. 대단한 결심을 한 것처럼.

만나요

재작년엔 애인을 차고
작년에도 누굴 찼다
나랑 가장 친한 친구가
가슴이 터져라고 안아주었지
차는 것도 힘들잖아 나는 이해해
뭘 이해해? 다 끝났는데

동정하다 보면 한편
놀리고 싶지
놀려, 이리 와서
놀리라니까?
그러라고 시를 썼다
마흔두 편을

애인인데 화장실인
딸아이들과
아빠면서 엄마 같은
선배 누나가

제 발로 걸어갔다
암전 속으로

믿을 수밖에 없는
나의 친구가
잘했어,
시 썼다고 안아주었지
고마워 내일부터
또 쓰려고 해

그런데 있잖아
누가,
내 얼굴이 좋다고
그랬다는데

그 사람이 누군지
나는 모르고

만나볼래?
소개시켜준다고 했어

거절하면 어쨌든
쓸 수가 있지
천 편이고 만 편이고
쓸 것 같아서
그래서 내가 썼다
마흔두 편을

이상하지?
그런데 약속을 했다
좋아, 만나볼게
결심을 하고

놀려, 놀려도 돼
허락해줄게
시를 쓰기 시작했다

너를 위해서

애인을 차고 나서
매일 울었지
앞으로 마흔두 편
쓸 줄 모르고

울었지, 마흔두 편
다 쓰고 나서
쓸 수 있는 것들이
좀더 있다는
확신아 나랑 너랑
무슨 사인데?

만나기로 한 당신과
내가 만나면
당신이 내 얼굴을
뜯어본다면

이상하다 이 얼굴이
아니었는데?
당신이 내 얼굴을
부정하는걸

쓸 것 같다 확신과의
관계 때문에
내 옆에 확신밖에
없기 때문에

소개시켜준단 애가
연락이 없고
약속을 했으면서
말을 흐리고

만나기로 한 사람이
실망을 했나?

하지만 내가 썼지
사랑을 해서

만나기로 했던 너를
못 만나고
쓴다,
가까이 가고 싶은가?

당신에게 주려고
나는 썼지만
주고 싶단 생각은
들지 않는다

죽어도,
발표하지 않을 작품을
내가 썼지
만나고 싶은 사람아

누구일까?
만나기로 했던 당신은

무엇일까?
질문이 원하는 답은

나는 봤지
나한테 반한 당신을
우연히 어제의
길거리에서
쓸 수 있는 것이
하나뿐일 때

같은 부대 동기들

 군대에서 세례를 받은 우리들. 첫 고해성사를 마치고 나서 운동장에 앉아 수다를 떨었다.
 난 이런 죄를 고백했는데. 넌 무슨 죄를 고백했니? 너한텐 신부님이 뭐라 그랬어? 서로에게 고백을 하고 놀았다.

 우린 아직 이병이니까. 별로 그렇게 죄진 게 없어. 우리가 일병이 되면 죄가 조금 다양해질까? 우리가 상병이 되면…… 고백할 게 많아지겠지? 앞으로 들어올 후임들한테, 무슨 죄를 지을지 계획하면서. 우리는 정신없이 웃고 까분다.

 웃고 까부는 건 다 좋은데. 성사를 장난으로 생각하진 마. 우리가 방금 나눈 대화도 다음 성사 때 고백해야 돼. 어렸을 때 세례를 받은 동기가 조심스럽게 충고를 하고.
 역시 독실한 종교인은 남다르구나. 너는 오늘 무슨 죄를 고백했는데? 우리는 조금 빈정거렸다.

나는 생각으로 지은 죄도 고백하거든. 대부분 끔찍한 것들이라서. 알려줄 수는 없을 것 같아.

 팔다리를 잡고 간지럼을 태웠는데도. 너는 절대 고백을 하지 않았고. 그래서 우리는 겁이 났다. 저 독실한 신자 녀석이. 끔찍한 생각을 하고 있어서.

미안의 제국

솔잎이 연두색으로 보이기 시작하면 죽을 때가 다 된 거래. 아버지 나 죽는 거야? 왕자가 울었다. 짐이 미안하구나.

신하들은 반바지를 입지. 화가 난 짐을 향해 무릎을 꿇어. 머리를 풀고 엎드려서 얼굴을 감추지. 짐이 먼저 서러웠는데.
왕이 우는 신하들을 일으켜 쓰다듬는다.

미안하구나. 아버지는 그 말을 어디서 배웠어요. 짐은 본래 사과를 받는 사람. 짐의 무릎은 깨끗하단다. 그런데 왜 손바닥에서 삶은 달걀 냄새가 나죠?
화가 나면 방문을 잠가버리렴. 얼굴이 시뻘게진 네 앞에 그들이 무릎을 꿇고 기어온다면. 어쩐지 미안할 거야.

반바지들이 몰려온다면. 머리채를 잡고 피투성이를 만들겠어요. 마음껏 계획하렴. 허리를 편 내시처럼.

너는 아직 당당해도 좋을 때란다.

 일어서시오. 그들은 해맑게 상투를 감는다. 신(臣)들은 오뚝이 같군. 무릎은 까졌지만 멀쩡합니다. 물러들 가라.
 짐은 폭군처럼 피곤하구나.

 신들의 불찰입니다. 헐레벌떡 그들은 망건을 풀고. 천진하게 무릎을 꿇지. 폐하 통촉하세요. 바지가 점점 짧아집니다.

 짐은 팬티만 입은 것처럼 허전하구나. 아버지는 겁쟁이예요. 짐이 미안해. 사과하고 싶어서 아빠가 너를 낳았지. 필요하니까
 너도 애를 낳으렴. 깨끗한 무릎을.

왜 초등학교를 졸업하면 어린이날 선물을 받지 못하는가?

 엄마가 양파를 튀겼어. 나는 그 양파튀김이 어린이날 선물인 줄 미처 몰랐지. 그래서 맛있게 먹은 것인데. 먹고 보니 어린이날 선물이었고. 깜짝 놀란 나는 체하고 말았던 것이다.
 변기에 한가득 게워내면서. 내가 양파를 다 게워낸들 선물을 또 사줄 리는 없잖아. 나는 하염없이 눈물을 흘렸지만. 내가 하루 종일 운다고 해서 선물을 또 사줄 리 없다는 것을.
 나는 너무 잘 알았다. 초등학교를 졸업하면 어린이날 선물을 받지 못한대. 이유는 잘 모르겠지만 법이 그렇다니까. 양파가 마지막 선물이었어. 마지막 선물을 토해버렸어.
 화장실 안에는 시계가 없고 거실로 나가야 시계가 있고. 오후 세 시쯤 되었을 거야. 아홉 시간. 내 마지막 어린이날이 고작 아홉 시간 남았다는 걸. 굳이 확인할 필요는 없지.
 화장실 문을 잠그고. 바닥에 누워서 낮잠을 잤다. 양파튀김이 제일 좋다고 네가 저번에 얘기했잖아? 엄마가 문을 두드렸어. 틀린 말은 아니니까 할 말은 없고. 그저 엄마가 알아주기를. 오늘이 얼마나 중요한 기념일인지. 엄마가 알아주기를.

나는 신께 기도드렸다. 그렇게 중요한 기념일인데 화장실 안에서 허비하다니. 너도 참 바보로구나. 차가운 타일 바닥에 엎드린 채로. 내가 얼마나 낭비한 걸까?

그러나 내가 낭비한 만큼 엄마가 나를 이해한대도. 엄마는 또 양파를 튀길 것이다. 최선에 최선을 다해.

모래밭

 놀이터에 갔던 딸이 울면서 돌아온다. 모래밭에서 구덩이를 파고 놀았어. 한참 그렇게 땅을 파는데 손가락만 한 똥이 나왔어. 니가 쌌지? 니가 쌌지? 내가 싼 게 아닌데 애들이 자꾸만 내가 쌌댔어. 내 몸에서 똥 냄새가 난다고 했어.
 뚝 그만 그치렴. 니가 싼 게 아니니까 떳떳해도 돼. 그러면 대체 누가 싼 건데? 고양이란다. 놀이터가 고양이 화장실이야. 조목조목 설명해줘도.
 딸애는 믿지 않는다. 니가 쌌어. 니가 쌌어. 듣다 보니까. 정말로 자기가 싼 것 같다며. 이사를 가자고 한다. 하지만 애야. 만약에 그 똥이 네 똥이라면 이사를 가도 네 똥이잖아.
 콧물이 반짝거리는 담요를 덮고 너는 참 잘 잔다. 또 자정에 일어날 거니? 저녁을 두 번 차리는 건 힘든 일이야. 그래도 그때 일어난다면 같이 놀이터에 갈까?
 모래밭에 똥을 누고 싶어서 새벽까지 똥을 참는 도둑고양이. 고양이가 똥 싸는 걸 목격한다면 너는 네 친구들을 동정할 거야. 너희들은 똥 밭에서 놀고 있단다. 이제부터 흙장난을 그만둔대도 너희가 똥 만진 건 변하지 않아.

딸아이의 얘기를 듣고 아이들은 미친 듯이 구덩이를 팔 것이다. 여기도 똥 저기도 똥 알고 보니까. 어제까진 진흙인 줄 알았던 것이 물똥이고 설사였던 것인데.

니 똥이지? 니 똥이지? 애들이 자꾸만 내가 쌌댔어. 내가 애들한테 복수하려고 미리 와서 여기저기 똥을 쌌댔어. 고양이가 쌌다고 그랬는데도 나더러 다 치우랬어. 그런데 내가 똥을 치워도 새벽에 고양이가 또 쌀 거잖아.

하지만 얘야, 그런 애들이 정말로 네 친구들이니? 친구가 아니면 그럼 뭐냐고. 딸애가 묻는다.

접촉

 섬에서 개한테 팔뚝을 물려 보건소를 찾았다. 보건소가 없었다. 너는 어쩌면 죽을 거란다. 아버지, 아버지, 왜 병 걸린 개는 죽지 않고 나만 죽을까.

 보건소에 가야 되는데. 보건소가 없어서 병원에 갔다. 그래서 너는 개가 될 거야. 아버지도 어렸을 때 물렸다면서? 아버지는 정신을 바짝 차렸지.

 아버지가 삽으로 미친개의 정수리를 깨뜨리고. 손수 석유를 뿌려 불을 질렀다. 황록색 메뚜기들이 불 속에서 뛰쳐나오고. 붕대에 살구즙 같은 물이 배어 찐득거렸다. 개가 쏟은 가래란다. 가래가 다 빠지면 아프지 않을 거라고. 미친개의 주인 아저씨가 성호를 그으며 중얼거렸다.

 개가 먼저 죽었으니까. 어쩌면 너는 안 미칠 거다. 절대로 상처를 긁으면 안 돼. 상처를 긁으면 개가 되니까. 절대로 물이 닿으면 안 돼. 병에 걸릴까 봐. 나는 절대로 씻지 않았다.

 상처는 방부제 먹은 듯 오랫동안 촉촉하였고. 나는 자꾸 먹고 싶었다. 풀밭을 왜 태워먹었니? 메뚜기를 먹고 싶어서.

 보건소에 가면 회충약을 줬다. 하지만 이 섬엔 보건소가 없잖아. 네가 물린 날이 일요일이라. 보건소가 쉬었던 거야. 집으로 돌아가는 배 위에서. 나는 멀미를 잘 참았다. 정신을 차리고 살아야 돼서.

파리대왕의 우편배달부

 어느 날 아침 마리오가 눈을 떠보니 우편배달부들이 해변에 누워 있었다. 우편가방을 메고 있다고 다 우편배달부인 것은 아니겠지만 마리오는 알 수 있었다. 마리오 또한 집배원이었으므로.

 모래사장을 지나 백 야드쯤 되는 야자수 사이에서 우체부가 하나 더 나타났다. 이 섬엔 당신들밖에 없습니까? 그때야 비로소 마리오는 이곳이 섬이라는 사실을 깨달았다. 내가 어떻게 여기로 온 건지도 모르겠어요. 나는 침대에 있었는데.

 의식을 차린 우편배달부들은 그들이 우편배달부라는 사실 때문에 심각해졌다. 어쨌든 이 상황에 대한 단서는 우리가 우편배달부라는 것뿐이네요. 우체부들은 조금 더 심각하게 고개를 끄덕였다.

 그들은 모두 누군가의 우편배달부. 단서를 늘리려고 가방을 열었다. 영국 여왕의 우편배달부는 폴 매카트니의 우편배달부. 스티븐 호킹의 우편배달부는 스티븐 킹의 우편배달부를 겸임하고도 아직도 겸임할 것이 산더미였지. 그러나

마리오가 우편가방에서 꺼낸 것은 봉투 한 장뿐. 이것은 제 월급 수표예요. 우리 마을 사람들은 죄다 까막눈이라 편지를 주고받지 않는답니다. 그러면 당신은 가짜 우편배달부로군. 마리오를 야자수에 묶어놓고. 진짜 우편배달부들이 해변에 불을 피웠다.

배가 고파서. 캠프를 향해 멧돼지 한 마리가 뛰어오고. 지칼을 든 우편배달부들이 돼지에게 달려들었다. 뜨거운 창자를 도려내어 마리오가 묶인 야자수 옆에 쌓아놓았다.

때가 됐군, 많은 것을 이야기할 때가. 산더미 같은 수취인들 중에 특별한 수취인들에 대해. 특별한 수취인들 중에 유명한 수취인들에 대해. 그리고 수상한

우편배달부에 관하여. 모닥불에 둘러앉아 저녁을 먹으면서. 한 사람씩 일어나 얘기를 했다.

폴 매카트니가 오노 요코보다 특별하다고? 요코의 우체부가 얼굴을 붉혔다. 더 특별한 건 모르겠지만 더 유명한 것은 사실이죠. 재청이 나오고 삼청이 나오자 요코의 우편배달부가 울음을 터뜨렸다. 뚝, 그만 그쳐요. 내일을 위해 오늘은 여기까지 합시다. 자고 일어나면 생각이 바뀔 수도 있으니까.

분이 덜 풀린 요코의 우편배달부는 혼자서 불침번을 섰다. 모래사장을 발로 차면서 끊임없이 서성거렸다. 파도 소리가 점점 커지고. 요코의 우체부는 가슴이 무너지는 것을 느꼈다. 요코, 오노 요코, 우리가 졌어. 우리는 별 게 아니었다고.

어디서 중얼거리는 소리가 들렸다. 잠꼬대를 하다니 신세도 좋군. 여기가 저들 안방인 줄 아는 모양이야. 귀를 기울이자. 그러자, 마리오가 묶여 있는 야자수에 다다랐다. 가짜 우체부잖아? 요코의 우편배달부가 마리오의 뺨을 때렸다.

뺨을 맞고도 마리오는 계속 중얼거렸다. 뭘 그렇게 중얼거리는 거야. 요코의 우체부는 머리끝까지 화가 났다. 편지를 쓰고 있어요. 마리오는 너무나 당연하다는 듯이 대답했다. 쓰러지지 않은 야자수에게, 잡아먹히지 않은 멧돼지에게, 그리고 파리대왕에게. 이 말을 하면서 마리오는 턱으로 파리가 새카맣게 몰려앉은 창자 더미를 가리켰다.

그리고, 파리대왕의 우편배달부는 다시 중얼거렸다. 등골이 서늘해지는 순간이었다. 그리하여 요코의 우체부는 주체할 수 없는 패배감에 사로잡힌 것이었다.

빗속의 식물

 사람들은 이제 입안 가득 꽃 담지 못하고 가슴에 꽃 문지르지 못하고 몸에 꽃 피지 않는다고 털어놓는다

 내가 꽃을 말하면 꽃 대신 숲이 떠오르고 숲은 젖어 있다 비 맞고 죄 엎드려 있다

 훅 끼치는 냄새처럼 엉켜 있다 면적이 큰 상처처럼 필연적으로 곪고 있다

 꽃, 하고 다시 말하면 나무가 된다 그것들이 젖어서 직선이 되고 밤엔 창살이 된다

 키가 큰 당신은 막대기 수백만 개, 흠뻑 젖기 위해서 훤칠하게 펼쳐진 이마……

 가시나무의 줄기를 떠밀며 산을 오르면 꽃잎은 미끄러운 빗물이 되어 보이지 않고

꽃, 떠오른 적 없으니 게워낼 필요 없고 가슴에 물들 일 없이 몸 가려울 일도 없이

천장을 올려다보면 물이 새고 벽을 쳐다보면 얼굴 모양 곰팡이가 찍혀 있다

가습기에서 나온 수증기가 방 안을 꽉 메운다 팔뚝을 뚫고 무언가 자라고 있다

그것은 과묵하다 잡고 한참을 뽑아내면 개흙탕물이 흘러나와 시트를 적시고

비에 젖은 것들은 묵직하다 그것들은 언제나 함께이고 덩어리이다

꽃이 어디선가 지고 핀다는 소문을 들으며 나는 팔뚝 위로 솟아오르는 것을 쉼 없이 잡아당겼다

식물을 떠올리면 언제나 비에 젖어 있다 소문과 기억은 밀림이 된다

두꺼운 그림

 물감이 굳을 때까지 기다린 다음. 선생은 덧칠을 한다. 햇볕 위에 햇빛을 덧씌우곤 해. 이젤에서 엎어질 만큼.
 그림이 뚱뚱해지지.

 나는 선생의 화풍을 따르려 한다. 백 미터 길이의 회랑 위에서 구십 미터 두께로 그리고 싶어.

 가을 위에 습지, 붓꽃 속의 여름. 습지 밑에 여름 위에 연꽃 속 물기. 이것은 선생의 소재.

 선생의 정원은 캔버스보다 두꺼워지고. 마침내 이젤에서 꼬꾸라진다. 짝…… 퍽…… 쾅…… 쾅…… 쾅……
 이것은 떨어지는 소리.

 이젤에다 그림을 묶어놨더니 이번엔 이젤이 뒤집어지고. 선생은 무척 난처해진다.

아무래도 조수가 필요하겠어.

리네아? 애야, 이리 와보렴. 뒤에서 이젤 좀 잡아주겠니? 선생의 손녀는 작은 손으로 선생의 이젤을 꽉 잡아준다.
할아버질 좋아하는 손녀로구나.

나도 손녀를 잔뜩 낳아서. 구십 미터 두께로 그리고 싶어.

선생은 계속 덧칠을 하고. 선생의 그림은 무거워진다. 여우와 너구리, 토끼랑 강아지까지.
선생의 정원에 사는 애들이 선생의 손녀를 도우러 오고.

비 오듯 땀을 흘리는 선생의 얼굴을 감상하면서. 영차, 영차, 이젤을 붙들어준다.
너희들은 선생의 친구들이니?

동물 친구들, 나도 너희들과 사귀고 싶다. 구십 미터 두께로 그리기 위해.
사자와 코끼리를 사귀고 싶다.

백 미터 길이의 복도에서. 나는 손녀와 점점 멀어져. 내가 오십 미터쯤 완성했을 때.
저 끝에서 손녀가 노크를 한다.

할아버지, 그림 뒤에 아직 있어요? 그래 할아버지 여기 있단다. 그런데 도대체 뭘 그리는 거야?
저들만의 커다란 울음소리로. 동물들이 이구동성 물어본다면.

나는 이렇게 대답할 거다. 선생이 정원을 그린 것처럼. 수련 위에 손녀딸을 씌운 것처럼.
예전부터 너희들을 그리고 있어.

맞은편에서 이젤을 당기고 있는. 너희들을 언제나 그리워하며. 나는 선생의 화풍을 따르고 있다.

손가락 셈

 석 달 남짓 쉬지 않고 비명을 지르다가 깨어 보니 칠 초 동안 꾼 악몽이었던 것처럼 십이 초 동안 여섯 시간을 잘 수는 없는 것일까 C가 책상에 엎드려 손가락 셈을 할 때면 손가락은 도리어 방해만 되곤 한다 불쑥 열세 개로 열다섯 개로 찢어지고 어디에 닿는지 알 수도 없을 만큼 길어지기도 하고 어떤 날엔 수평선을 넘어가선 싹 난 고구마를 주워 오기도 한다 C는 깨어 있을 때의 일 초가 꿈에선 몇 시간까지 늘어날 수 있는지 통계를 내보고 싶지만 손가락도 역시 꿈을 꾸고 있을 뿐…… 오 일 전에는 지하철에서 삼십 분 눈을 붙였는데 족욕을 하면서 땀을 뻘뻘 흘리는 꿈을 꾸었다 모처럼 손가락이 아무것도 주우러 가지 않아서 C는 재빨리 셈을 시작했지만 손가락을 아무리 굽혔다 펴보아도 계산이 되지 않았다 꿈에 나오는 시간은 비본질적이고 비본질적인 것이야 말로 본질적인 것이기 때문에 꿈꾸는 손가락은 더 이상 숫자가 아니며 내가 욕조에서 발을 빼자 겉이 새까맣게 익은 가래떡이 달려 있었던 것이다

방법이 있어

초전자포에 맞고 울프가 죽었다. 그는 우리 행성에서 가장 강한 전사였는데.
동료를 구하다가 죽어버렸다.

먼 친척들 장례식엔 몇 번 갔는데. 친구가 죽은 건 처음이거든? 친구가 죽으니까 너무 슬프다……
눈물이 막 쏟아지는데. 이상하게 딴 애들은 울지를 않고 나만 엉엉 울고 있었다.

죽었으면 살리면 되지. 나더러 그것도 모르냐면서 친구들이 울프한테 뭘 뿌렸고.
콜록, 콜록, 울프가 되살아났다. 하지만 조심해야 돼. 이 약은 한 번만 살려주니까. 또 죽으면 그땐 도리가 없어.

어쨌든 다시 만났으니까. 나는 울프를 얼싸안았다. 울프야, 너는 일단 쉬고 있어라. 우린 아직 한 번도 안 죽었잖아?

죽을 때까지 싸우고 올게.

 그렇게, 저렇게, 전쟁터에서. 공평하게 우리들도 한 번씩 죽고. 그래도 전쟁은 끝이 안 보여. 우리들 힘으로는 역부족이라 울프를 데리러 고향에 갔지.
 그런데 울프가 죽어 있었다.

 우리들이 떠나고 두 달 지나서. 난치병에 걸려서 죽어버렸대. 저번엔 안 울었던 친구들까지 이번엔 울고불고 난리가 났다.
 영웅을 잃었으니 전멸할 거야.

 행성의 시민들은 살 길을 찾아 이미 절반이나 별을 떠났고. 전사들은 겁에 질려서.
 하루 종일 성당에서 기도만 했다.

 얘들아 잠깐만 진정 좀 해봐. 어쩌면 울프를 살릴 수 있어. 마지막으로, 딱 한 번만 더 살릴 수 있어.

아주 위험한 방법이지만……
 박사가 입을 열었다.

 박사야, 위험해도 그렇게 하자. 그리고 우리는 그렇게 했다. 어느 청소 시간이었다.
 책걸상을 뒤로 다 밀어놓고 친구들은 청소를 하고 있는데. 나 혼자 책상에 앉아 있었다.

 너 왜 울고 있니? 걸레질을 하던 애가 나한테 왔다. 고향별이 폭발했거든. 친구들이 모두 죽어버렸어. 사실을 말할 수도 있었겠지만.
 나는 그냥 운다고 했다.

귀신의 용도

 앙투안은 엎드려서 그렸다. 앙투안 너 지금 형광펜으로 그리고 있니? 너 형광펜이 뭔지는 알아? 게다가 그건 아저씨 형광펜인데…… 앙투안은 스케치북 열다섯 장에 열일곱 명이 있다고 했다. 부모님, 친구들, 동물 친구들. 그러나 형광펜으로? 새하얀 스케치북에? 앙투안, 아저씨는 눈이 나빠서 정확히 뭘 그렸는진 모르겠지만. 네가 그린 그림들은 몸에 비해서 얼굴이 무척 큰 것 같구나. 앙투안은 불이 꺼진 화장실로 스케치북을 들고 들어갔다. 한참을 그렇게 화장실에서 스케치북을 획획 넘겼다. 앙투안? 무섭지 않니? 너는 껌껌한 걸 싫어하잖아. 시무룩한 표정으로 밖으로 나와. 그 애는 베란다 위에 그림을 한 장씩 늘어놓았다. 앙투안, 뭐하는 거니? 햇빛을 모으고 있어. 내가 그린 사람들이 귀신이 되게. 앙투안 마리 로제…… 세상에 하나뿐인 꼬마 친구야. 무슨 얘긴지는 잘 모르겠지만 아저씨는 너를 응원한단다. 저녁이 되자, 앙투안은 그림에다 딱풀을 먹여 치덕치덕 벽에 발랐다. 한 장, 두 장, 열다섯 장…… 아저씨, 빨리

불을 꺼! 이제 곧 귀신들이 나타날 거야. 불을 꺼도 귀신은 안 나타났고. 앙투안은 울음을 터뜨렸다. 아저씨 형광펜은 가짜야. 그림이 하나도 안 빛나잖아? 얘야, 생텍쥐페리, 앙투안 마리 로제 드 생텍쥐페리. 형광펜은 밑줄을 긋는 펜이야. 야광 스티커랑은 다른 거란다. 그러나 앙투안은 계속 울었고, 나는 상자 하나를 그려주었다. 이 상자 안에 귀신이 있어. 상자 안에서 빛나고 있어. 그러나 내 어린 심판관은 계속 울었다. 안으려고 하니까 세게 밀쳤다.

난 왜 알아요?

 난 알아요. 친구들의 사물함에 토막 난 시체가 들어 있습니다. 문을 열면 팔다리랑 내장이 쏟아질 거예요. 친구들이 따지러옵니다. 너 알고 있었지? 내 사물함에 시체 있는 거 알고 있었지? 알았지만 확실하지 않았어. 이 꿈이 시작됐을 때. 나는 이게 꿈이란 걸 알았습니다. 꿈이라서 내가 알고 있나요? 난 알아요. 살인마의 정체를 알고 있어요. 나는 아는 것이 많은 것 같다. 분명히 애인이, 나한테 애인이 있다는 것을 알고 있는데. 그게 누군지는 알 수가 없어. 그래서 나는 기를 쓰고 꿈속에 남으려고 하는 것이지. 괜찮아요, 나도 알아요. 발버둥을 치면 꿈이 짧아지는걸. 왜 안 알려줬어? 우리들 사물함에 시체 있는 거! 친구들은 코트를 입고 있어요. 안주머니에 손을 꼽고 날 쫓아와요. 안주머니에 뭔가 있구나! 나는 다 알아! 살인마의 정체도 알고 있다고! 얘들아 나한텐 애인이 있어. 내 애인은 한국에 있단 말이야. 그러니까 나 좀 그만 따라와. 무서워서 꿈에서 깰 것만 같아. 그래요, 나는 알아요. 공포가 꿈을 지속시키는 것을.

외국으로 도주하는 비행기에서, 나는 역시 무언가를 알고 있어요. 비행기가 비행기랑 박을 거예요. 내 말이 맞지? 커다란 폭발음과 함께 세상이 무척 밝아집니다. 나는 내가 아직 죽지 않을 것을 알아요. 추돌은 육십 년 동안 진행됩니다. 지금은 나도 알 수가, 알 수가 있어요. 사랑을 한다는 말을 못했어. 어쨌거나 지금은 너무 늦어버렸고.

2011년 6월 23일

 너희들 고전 속의 주인공들은 자살하기 전에 항상 독백을 하지. 주인공이 자살하는 소설만 골라; 읽었다. 고전 위주로.

 당신들의 독백을 독서합니다. 나도 곧 자살을 할 것입니다.

 그러나

 그 책은 타당하지 않았다. 그 책도 불가피하지 않았다. 그 책의 독백은 숭고했으나…… 내가 써먹기엔 너무 거창하였다.

 안 되겠어 차라리 내가 써볼까? 그래, 고전을 써보는 거야.

 서사시

책상 앞에 창문이 뚫려 있었다. 책상 뒤에 앉아서 시 쓰는 일은 창밖을 신경 쓰는 일이 되었다.

매달려 있는, 에어컨 실외기가 비장하였다.

나보다

실외기가 비장하였다. 실외기가 시 쓰는 데 방해되었다. 고전을 쓰려고 책상에 앉은 비장한 시인을 방해하려고.

실외기 위에 누가 있었다.

새하얀

종이 한 장을 활짝 펼친 채로 살짝 잡고서. 실외기 위에 서 있는 사람. 반백발의 남자가 날 가리켰다. 내가 들고 있는 것은 네가 쓴 시야. 이걸 써서 이제 나는 자살할 거다.

반백발의 남자가 말을 걸었다.

그러면

그 시는 서사시겠군? 타당하고 불가피한 고전이겠군? 당신은 미래의 김승일이고. 나는 그것을 깨달았는데.

그렇다면 시간이 얼마 없었다.

당신이

정말로 곧 자살할 거면, 신속하게 내 질문에 답하도록 해. 자살이 어떻게 불가피하지?

활자가

채워진 종이 한 장을 반백발의 김승일이 흔들어댔다. 그렇게 재수 없게 흔들지 말고.

낭송을 해줬으면 좋겠어. 너처럼 자살을 할 수 있도록,

낭송을

해달라고 부탁을 했다. 이미 세상에 존재하는 걸 한 번도 읽어보지 않고서.

똑같이 쓸 수는 없을 것 같아. 나는 무릎을 꿇고

빌었고

너도 쓰게 될 테니까 걱정하지 마. 반백발의 남자가 위로하였다. 어째서 그가 자살하는지 쓰여 있는

종이를 살살 흔들며.

"네가 이 시를 썼어."

*

실외기가 한동안 시끄러웠다. 타당하고 불가피한 고전 작품을 실외기 밑으로 떨어뜨리고.

김승일은 영원히 말이 없었다.

가볍게

툭 건드리자, 그것은 서서히 기울어졌다. 나보다 비장한 실외기 위에 남은 것이 아무것도 없을 때. 나는 무릎을 털고 일어나 순식간에 1층으로 내려갔었다.

여기 어딘가에 떨어져 있는 불가피한 고전을 내가 쓰려고.

홀에 모인 여러분

 어느 날 나는 초대에 몰두하였다 내 생일에는 모두 모이지 않았다 내 장례식에도 모두 모이진 않았다
 안 죽을 걸 씨발

 어떤 동그란 게 굴러와서는 자기가 내 고조할머니라고
 나를 사랑한다고 고백을 한다

 같이 굴러다니는 다른 공들은
 친할아버지랑 외할아버지

 나는 나도 공인지
 살펴보았다

 어딜 가든 왕은 있어서
 왕의 신발에 공이 채였다

고조할머니였다 신하 놈들이, 공을 여기 둬서 죄송

합니다 왕한테 무릎을 꿇고 사람을 쳤으면 사과해야
죠 왕자가 화를 낸다 짐이 미안해 왕이 왕자에게 무
릎을 꿇자 숲은 젖으려 한다

   숲이 비에 젖어
   죄 엎드린다

   겁먹은 친구 두 명이
   거기서, 밀림에서 걸어 나와서

   사마귀가 없어요
   다 잡아서요

박스에다 넣었는데 다 죽어서요 그래서 사마귀가
멸종했어요 얘가 그런 거예요
   미친 애가요 박스에다 넣었어요 나쁜 애가요
   아니에요 얘가 진짜 씹새끼예요

누가 얘고 누가 애니? 애랑 저랑은 캠프에서 만났어요 여름 방학에 대명사만 사용하는 캠프에서요 서로가 서로를 엄마 아빠를
 애, 너, 야라고만 부르랬어요

 맞아, 얘들아 안 그러면 엄마들이 빨리 죽거든 가정에서 맞고 자란 대학생들이 죽도록 맞고 자란 대학생들이 총을 메고 엄마들을 찾아다녔다
 우리 엄마 봤습니까? 무섭습니다

 나랑 같이 복무하는 군대 동기가 생각으로 죄를 짓고 있는데 성당에 가서만 고백합니다 하느님한테만 고백합니다 우리 엄마 봤습니까? 어딨습니까? 엄마 무서워서 죽겠습니다

 군인들이 젖은 숲에
 숨으러 간다

숲이 토해낸 하천 속에서
가시를 단 물풀들이 손짓을 한다

숲이 타고 있어
들어가지 마

젖은 숲이 불에 탄다
녹는 것처럼

새까만,
들판이 된다

  풀과 나는 수면 위로 머릴 내밀고 숲이 타는 것을 지켜보았다 무섭지? 우리들이 지른 불이야 물풀들이 나를 문질러준다 우리가 사람일 때 지른 불이야

물속은 물 반
물풀 반이다

물풀들은 미끄럽다 물풀들은 가래처럼 물풀들아 그만 문질러 문지르고 싶어서 물풀이 된 건 아니잖아?
 발목에 감긴 물풀을 끌고 나는 검은 들판 위로 걸어 나온다 사람들이 줄줄이 따라 나온다 갈색 빛깔 물풀을 걸친 우리는
 한 무리 도롱뇽,
 도롱뇽 같은

 친구들이 있었지
 괘씸한 놈들

 우리가 뚝방에서 놀고 있으면
 우리는 네 마리 도롱뇽들,

 한 동네서, 개천에서, 놀이터에서 매일 내가 울 때까지 놀렸던 애들 친구 장례식에도 안 왔던 놈들 너무 어렸을 때 친구들이라

이름도 잘 생각 안 나는

삼총사들, 잘 사니? 오래 살아라
나는 여기 검은 들판에

  젖은 옷을 말리려고 불을 피웠어 수십 명의 집배원과 둘러앉아서 우편물을 모닥불에 집어던졌어 축구 유니폼을 입은 군중은 응원 수건을 집어넣었어 여배우가 모닥불에 모랠 뿌렸어 모닥불을 끄는 게 내 일이에요 대본에 그렇게 쓰여 있어요 의사들은 전염병에 걸린 환자를, 개한테 물린 애는 개를 넣었어 그런데 왜 우니? 중학생들아 우리들은 수학여행 온 게 아니야 엄마 아빠 생각으로 우는 애들과 죽은 지 두 달 된 부모 귀신이 함께 앉아 있는 것을 나는 보았지 부모가 죽고 석 달이 흘러 부모가 죽고 백 년이 흘러 엄마 아빠 생각으로 울던 애들이 죽어서 죽은 부모 옆에 앉아서 젖은 옷을 말리는 걸 나는 보았지 옆에서 옷 말리는 죽은 부모를 아직도 죽은 부모 취급하면서 외면하고 있는 모습은 무척, 히히히히 고추 달린 여자애들이 모닥불 주위를 빙빙 돌면서 불알을 말리는 모습은 무척, 혼절할 때까지 덜렁거리며 온 세상과 격 없는 불알친구가 되려고 노력하는 수고 속에서 덜렁덜렁 춤 좀 그만 췄으면……

  깝치지 좀 말았으면
  하고 바랐지

  꽃을 파는 인도 소녀와 소싯적에 시를 썼던 수학 선생과 맹인과 맹인의 가정교사와 친구하자 친구해요 청하고 있는
  소녀들아, 고추들아 환상적이니

  이렇게 모닥불에 둘러앉아서 여기가 어딘지는 도통 모르고 넓고, 옷장 같고, 옥상 같아서,
  쓸쓸히 혼자 먹는 급식이 없는, 올라오는
  내려가는 층계가 없는,

숨어서 담배 피우는 옥상 같아서 친구와 친해지는 비행(非行) 같아서 악수를 하는 거니? 친구 할래요?
애를 낳고 싶은 거니? 친구 하려고 얼굴을 그렸구나 땅바닥에다

오리하고 소꿉놀이 하고 싶어서 오리 밥을 줬구나 오리 배에서 불륜을 저질렀다 친해지려고 병원에서 왜 웃었니 이를 뺐는데 참을 만했거든요 치과 아저씨
칭찬을 해주세요 치과 선생님

모닥불이 결코 꺼지지 않고 젖은 옷은 한참 동안 마르지 않고 영원히 함께 서로 어깨에
기대서 잠을 자서 친해졌을까

꿈에서 불알을 팔천 개 달면 우정이 팔천 배 견고해질까

아니

그럴 리가 없지
불알아

이 게임만 끝나면
각자 쉽시다

잇기 쉬운 단어로만 이어 나가는 끝말잇기 놀이는 평화로워서 규칙을 잊은 걸까 같은 단어를 반복하면 죽는다는 그런 규칙이 분명히 있었는데 우린 어째서

이번 판만 끝나면
잠을 잡시다

잇기 쉬운 단어로만 이어 나갈까

규칙을 어겼어요 없는 단어를 만드는 건 사악한 반

칙이에요 살아 있는 사람이 아직 많은데
  단어를 만들어서 나는 죽었다

  살아 있는 사람이
  아직 있는데

  한밤중에 모닥불이 사그라지면 나는 여기 무척 넓고 컴컴한 곳을 홀이라고 부를 수가 있는 것 같아 여기는 지금 무척 캄캄해, 이제 나는 알 것 같아 내가 공처럼 동그랗고 자꾸 발에 채인다는 걸

  한밤중에 장대비가
  마구 때리면

  짝짝짝짝, 박수갈채처럼 들리면 나란 공은 홀 안에서 굴러다니며 고마워요, 알겠어요, 고맙습니다
  깍듯하게 답례를 하는 것이다 고마워요, 고마워요,

너란 공들도 제각기 저를 위한 갈챈 줄 알고 고마
워요, 고마워요 비가 그치면
그때 나는 알 것 같아 내가 정말로

공처럼 동그랗게
생겼는지를

우리들은 서로에게
가르쳐줄까

지금 막 우리들이
알게 된 것을

| 해설 |

도롱뇽 공동체의 탄생

함돈균

> 우리는 최대한 멀리 갈 거야
> ──김승일 「오리들이 사는 밤섬」

공동체라는 사건

연인들의 공동체가 존재하는 궁극적 목적은 사회를 붕괴시키는 데에 있다고 블랑쇼는 말했다. 여기에서 초점은 연인들이 아니라 '공동체'다. 공동체communauté란 무엇인가.

공동체는 사회가 아니다. 공동체는 그 안에 속한 자들에게 계약서를 요구하지 않으며, 피로도 땅으로도 돈으로도 그들을 묶지 않는다. 그것은 연대도 융합도 요구하지 않으며, 목적도 효용도 갖지 않는다. 다만 그것은 '이해'하게 할 뿐이다. 그러므로 공동체는 오히려 우리가 흔히 '구성원'이라고 오인하고 있는 자들의 죽음에 기반하고 있다. 공동체에 유일한 규칙이 있다면 완벽하게 사회의 규칙에서 벗어난다는 사실 바로 그것뿐이다. 공동체는 통상적인 개념의 공동체의 부재, 공동체에 반하는 존재의 외재성을 포함한다.

공동체는 공통된 것들의 구성하고는 전혀 다른 어떤 것을 지시한다. 공동체는 대체 불가능한 개별성의 기반 위에서 개체들의 고독과 고립을 보존한다. 그러나 절대적인 개별성은 타인의 존재를 필요로 한다. 절대적인 내밀성은 한 사람이 홀로 감당할 수 있는 것이 아니기 때문이다. 내밀성은 타인의 존재를 통해 완성된다. 내적 경험의 은밀함은 전달될 수 없기에 완전한 것이다. 나눌 수 없는 내밀성의 나눔, 전달될 수 없는 것의 전달만이 가치가 있다. 공동체는 사회적으로 강요된 관계의 외부에 있던 존재들이 이 불가능한 나눔과 전달될 수 없는 비밀을 은밀히 개방하는 자리에서 출현한다.

하지만 그렇다 하더라도 여기에서 고립은 끝내 사라지지 않는다. 공동체는 개체들 각자의 고립을 보존하면서 개체들의 고립과 내밀성을 공동으로 체험하게 하는 장소이기 때문이다. 공유되는 것은 고립의 경험 자체, 내밀성 그 자체이지 내밀성의 내용이 아니다. 무엇을 말하는가가 문제가 아니라, 말 되어질 수 없었던 것이 말로 개방되는 일 자체가 공동체라는 사건이다(블랑쇼, 「밝힐 수 없는 공동체」).

"내가 배달된 해에, 할아버지가 죽었"다며 "짱깨가 철가방에서 너를 꺼냈"(「멋진 사람」)다는 자신의 출생 설화를 천연덕스럽게 얘기하는 '독고다이' 소년이 여기 있다. 이 시집은 그 소년이 순전한 날목소리로 들려주는 출생과 성장에 관한 자기 고백이다. 그러나 이 고백은 우리가 어떤 종류의 첫 시집에서 드물지 않게 보아 온 성장담이나 세대 단절의 선언과는 여러모로 달라 보인다. 2012년 우리 앞에 '배달된' 이 목소리의 표면에서 돌출하고 있는 것은 한국 시사를 통틀어서도 희귀한 종류의 비성년(미성년이 아니라) 화자의 희극적 아이러니이며, 사태를 에두르지 않는 목소리의 직진성이다. 무엇보다 중요한 것은 이 희극적 고백의 표면이 마치 "뒤집혀진 장갑 속"에 "알"(「조합원」)을 숨기고 있듯이 모종의 존재론적 내밀성을 내포하고 있다는 사실이다. 이 내밀성은 어떤 의미에서 위에서 언급한 '공동체'에 접근하는 것처럼 보인다. "돌아오기 힘들어도 괜찮"다는 이 독고다이 식 화법은 우리를 둘러싼 물리적 현실로서의 사회로부터 "최대한 멀리"(「오리들이 사는 밤섬」) 가 있는 소년(들)의 것이다.

처음 듣는 학대 이야기

우리의 유년 시절이 너무나 비슷했기에. 우리가 읽은 책.

우리가 들었던 노래. 우리가 했던 사랑. 이 모든 것이 마치 한 사람의 일처럼 비슷했는데……

바닷가 마을의 민박집에서. 그런 것은 더 이상 우리를 한 덩어리로 만들어주지 않고. 지난하고 어색하기 짝이 없는 것이다. 유년 시절. 다시 유년 시절의 얘기를 해보도록 하자.

유년 시절? 유년 시절이라니. 다루고 다뤄서 바닥까지 아는 얘기를 친구는 또 늘어놓았던 것인데.

나는 부모한테 많이 맞았어. 거의 학대 수준이었지. 처음 듣는 학대 이야기에 불현듯 삼총사들의 눈이 초롱초롱 빛나기 시작하는 것이었다. 우리도, 우리도 맞았어. 우리도 학대를 당했다니까?

이것 참 굉장한 공감대로군. 유년 시절에 학대당한 경험 때문에. 지금의 우리가 있는 것일까? 맞고 자란 우리들의 취향. 우리들의 사랑. 미친 부모를 만난 탓으로. 우리가 서로 닮은 것일까?

아빠가 창밖으로 나를 던졌지. 2층에서 떨어졌는데 한 군데도 부러지지 않았어. 격양된 삼총사는 어떻게, 얼마나 맞고 컸는지 신나게 떠들어대는 것이었다.

니가 2층에서 떨어졌다고? 나는 3층에서 던져졌단다. 다행히 땅바닥이 잔디밭이라 찰과상만 조금 입었지. 어째서 우리를 던진 것일까? 이유는 잘 모르겠지만. 나는 4층에서. 아빠가 4층에서 나를 던졌어.

그게 말이 되는 소리니? 어떻게 4층에서 던져졌는데도 그

렇게 멀쩡하게 살아남았어? 게다가 어떻게 그런 부모랑 아
직도 한집에서 살 수가 있니? 너한테 말은 이렇게 해도.
  사실은 너를 이해한단다. 내가 더 학대받았으니까.
—「같은 과 친구들」 부분

  이 '친구들'을 "굉장한 공감"의 한 지평 위에 모아 세우고 그들을 결국 "서로 닮은 것"으로 만드는 것은 무엇인가. "우리가 읽은 책. 우리가 들었던 노래. 우리가 했던 사랑. 이 모든 것이 마치 한 사람의 일처럼 비슷"하지만, "그런 것은 더 이상 우리를 한 덩어리로 만들어주지 않"는다. 일반적으로 오해하듯이 동질적 대상·경험의 소유를 확인하는 일은 사회의 것이지 공동체의 것이 아니다. 공동체란 공유할 수 없는 개별성의 극단에서 발생하는 내밀성 자체를 공유하는 사건이다. 완강한 개별성은 그 은밀성의 극단에서 마주한 타인들이 서로를 매개로 존재의 개별성을 유지하는 동시에 그 개별성의 벽을 넘어 서로를 가로지르는 것이다.

  이 시에서 이 은밀한 개별성은 화자에 의해 '삼총사'라 불리는 이들(이들은 대학생이지만 그 목소리는 전적으로 소년의 것이다. 이 시집 전체의 주인공들이자 대상인 이들을 '비성년' 화자라고 부르기로 하자)이 부모한테 겪었던 "유년 시절에 학대당한 경험"이다. 이 경험은 누구나 소유할 수 있고, 누구와도 공유할 수 있는 일반적인 사물이나 경

험의 대상이 아니다. 이 "처음 듣는 학대 이야기"는 지금까지 말되어진 적이 없었고, 말되어질 수 없었던 은밀한 것이다. 이것의 문제성은 이 은밀성이 이 자리에서 말되어지기 전에는 발화자 스스로에게도 알려져 있지 않은 존재의 외재성을 내포하고 있다는 사실에 있다. 발화자는 그 자신의 정체성이 이 은밀한 존재 영역에서 비롯된다는 사실조차 인식하지 못할 수 있기 때문이다.

  물론 그것은 세계의 그 어느 타인에게도 알려져 있지 않은 종류의 것이다. "그게 말이 되는 소리니? 어떻게 4층에서 던져졌는데도 그렇게 멀쩡하게 살아남았어? 게다가 어떻게 그런 부모랑 아직도 한집에서 살 수가 있니?"라는 비성년 화자들의 반문은 이 경험의 특수성, 이 경험의 절대적인 단독성을 잘 보여준다. 이 경험의 단독성이 곧 존재의 내밀성이다. 이 내밀성은 대체 불가능한 것이고, 지금까지 세계에 알려져 있지 않았던 예외적인 것이다. 이 내밀성은 은밀한 것이기에 존재들은 세계에서 고립되어 있었다. 그러나 이 시에서 그들은 자신의 고립성을 유지하는 동시에 그 고립의 경험을 타인에게 개방한다. 김승일 시의 비성년 화자들이 나누는 이러한 고백의 현장은 어떤 유의 '공모(의식)' 현장과도 비슷해 보이지만, 그것과는 또 다른 어떤 것이다. 이 자리에서 우발적으로 열린 고백의 장은 어떤 목적도 효용도 융합도 바라지 않는다. 무엇보다도 이 '열림'은 '학대'라는 내밀한 고립성을 몸으로 담지하고 있는 자들 각자에게만 열린다. 그리고 다만 그들은 "이해"하게 된다. "사실은 너를 이해한단다. 내가 더 학대받았으니까"라는 언술은 여기에 출현한 것이 사회나 어떤 패거리가 아니라, "삼총사들의 눈이 초롱초롱 빛나"게 하는 '공동체'에 근접한 어떤 것이라는 사실을 암시한다. 이 '학대받는 소년들'의 공동체를 이 시집의 화자는 '친구들'이라고 부른다.

  주목할 점은 김승일 시집의 화자나 주인공들의 내밀성을 관통하는 것이 '유년 시절 학대'의 경험이며, 이 경험의 주무대가 자신들의 집과 더불어 학교라는 사실이다(이것은 이 시집의 제목이 '에듀케이션'이라는 점에서, 이 시집의 무의식이 닿아 있는 장소와 관련하여 시사하는 바가 있다). 학교 옥상은 "급식을 거른 아이들"(「옥상」)과 담배꽁초를 빠는 아이들로 채워져 있고, "우리들이 입학했던 체육관에서" "구두를 신고 온 애들이 엎드려뻗치고 쉽게 용서받지 않는다". 학교에서 "나는 옥상에서 떨어지는 인쇄용지 같"고 "체육관 천장에 목을 매"는 상상에 잠기곤 한다(「체육관의 우울」). "너무 더러워서 친구들이 따돌"리는 학교를 마주하여 이 시집의 비성년 화자들은 스스로를 '마녀의 딸'이라 여기며, 이 상황에서 비롯되는 자신의 운명을 "십자가에 매달"(「마녀의 딸」)리는 것이라 생각하기도 한다. 이 시집에서 집은 "부모가 죽고 세 달이 흐"(「방관」)른 이후, '쥐'가 튀어나오고 '똥'을 싸는 "캄캄한 가능성"(「화장실이 붙인 별명」)의 장소로 그려지고, 더불어 학교가 그런 집과 유사한 이미지로 인식되는 까닭도(「부담」) 이 비성년 화자들의 무의식에서 그 둘이 동일한 '학대'의 장을 이루기 때문이다. 이는 그 장소가 바로 '사회'라는 점을 암시하는데, 역설적으로 말해 이 시집이 근접하는 비성년 화자들의 '공동체'도 그곳을 배경으로 해서 열린다. 공동체란 다름 아닌 '사회의 부재'를 뜻하는 까닭이다.

    소포를 뜯어보니 고양이 머리가 나왔어. 누나가 울면서 자랑을 했다. 이 고양이는 내가 밤마다 밥을 주던 고양이란다.

    내가 되레 걱정할까 봐. 누나는 내 머리를 쓰다듬는다. 괜찮아 더한 일도 겪었으니까. 누나는 더한 일도 겪었다.

    무슨 일이요? 묻지 말아줘. 더한 일이 역겨워서 도망간 친구들만큼. 더한 일은 활활 타오른단다. 친구들…… 도망가서 속이 편할까. 그러나 그들은 누나랑 같은 학교에서. 급식을 먹을 때 함께 앉았다.

    〔……〕

    어떤 여자가 밥을 주는군. 고양이가 울면서 밥을 먹었다. 어떤 사람이 목을 조르는군. 고양이가 울면서 버둥거렸다.

꿈에서 내가 고양이였어. 누나가 새벽에 전화를 했다. 괜찮아 더한 꿈도 꿔봤으니까.

　더한 일이 만약 세 가지라면. 도망간 친구들은 몇 개나 알고 있어요? 몇 개인지는 상관없어. 더한 일은 그냥 거대한 하나. 누나는 그렇게 말했지만. 뜯으면 백 개도 될 것 같았다.

　기다려줄래? 더한 일이 얼마나 더한 일인지. 준비가 되면 말해줄게. 하지만 누나가 언제 말하든. 하나도 새롭지 않을 거예요. 나도 백 개나 겪었으니까.　　―「영향력」부분

김승일의 시에서 "굉장한 공감대"와 "이해"의 '공동체'를 출현하게 하는 사건이 "유년 시절에 학대당한 경험"이라는 사실을 기억하는 일은 중요하다. 이것은 단지 하나의 에피소드가 아니라, 이 비성년 화자들을 "서로 닮은 것"으로 만드는 원초적 사건이며, 그들에게 "공포가 꿈을 지속시키는" 이유이자 그 꿈속 "사물함에 토막 난 시체"(「난 왜 알아요?」)의 기저를 이루는 에너지다.

앞의 시에서 "소포를 뜯어보니" 나온 "밤마다 밥을 주던 고양이"의 "머리"는 그녀가 실제로 키우던 고양이의 머리일 수도 있으나, "꿈에서 내가 고양이였어"라는 누나의 말로 보아 그녀의 무의식을 이루는 중핵이라고 하는 게 더

정확해 보인다. 이 시집의 도처에서 화자인 '나'와 시의 주인공들의 무의식("꿈")의 중핵은 바로 이 소포 속에 든 "고양이 머리" 같은 것들로 채워져 있다. 무의식의 중핵은 곧 존재의 중핵이다. 그것들은 김승일의 시에서 화자 특유의 희극적 화법으로 가볍게 발설되곤 하지만, 실제로 그것을 관통하는 이미지들은 끔찍한 에너지를 보유하고 있다. 그러나 반복하건대 그것은 주체의 내면 깊숙한 곳에 위치한 존재의 중핵이기에 발설될 수 없는 것이고, 주체 스스로에게도 충분히 알려져 있지 않은 수상하고 은밀한 것이다. 이 시에서 누나가 "몇 개인지는 상관없어. 더한 일은 그냥 거대한 하나"라거나, "기다려줄래? 더한 일이 얼마나 더한 일인지. 준비가 되면 말해줄게"라고 말하는 것은, 단순한 눙침이 아니라 이 "더한 일" "더한 꿈"의 의미가 누나 스스로에게조차 명확히 인식되지 못하는 것이기 때문일 수 있다.

  김승일의 시에서 '연애'는 이 "더한 일"과 "더한 꿈"에 대한 선이해를 가진 자들, 다름 아닌 존재의 내밀성 자체를 공유할 수 있는 자들 간에 열리는 일종의 공동체적 사건이다. "더한 일이 역겨워서 도망간 친구들"로 인해 '친구들'의 공동체가 깨어진다면, 연애의 가능성은 "나도 백 개나 겪었으니까"라는 내밀한 개별성의 공유, 그리고 그로부터 비롯되는 '이해'에서 비롯된다(「영향력」에서는 이 내밀성의 공유가 끝내 결렬되기는 하지만). 이 시집의 화자가

"친구들의 사물함에 토막 난 시체"가 들어 있는 "공포가 꿈을 지속시키"면서 "살인마"와 "애인"을 같은 대상으로 인식하기도 하는 까닭이 여기에 있다(「난 왜 알아요?」). 김승일 시의 비성년 화자들의 무의식에서 애인과 친구, 사랑과 우정은 같은 것이며, 그것은 존재의 내밀성을 구성하는 외상적 기억들, 예컨대 '고양이 머리'나 '시체', '살인마' 또는 유년 시절 학대의 경험 같은 기억의 개별성을 공유하는 소포 상자 속에 들어 있다. 공유할 수 없음 그 자체를 공유하는 그들은 사회에 속하지 않는다. 그러므로 그들이 서 있는 존재 지평에서 그들은 서로에 대해 (사회의) '구성원'이 아니다.

가능성은 화장실에게 맡긴다

이런 차원에서 이 시집에서 너무 소략하여 지나치기 쉬운 몇 개의 에피소드들이 확실히 '사회적' 차원의 그것을 반영하고 있다는 점은 눈여겨볼 만하다.

이가 아파서 치과에 간 날
아야야 나는 우는데
의사는 웃으면서 이를 뺀다 ——「병원」 전문

니 똥이지? 니 똥이지? 애들이 자꾸만 내가 쌌댔어. 내가 애들한테 복수하려고 미리 와서 여기저기 똥을 쌌댔어. 고양이가 쌌다고 그랬는데도 나더러 다 치우랬어. 그런데 내가 똥을 치워도 새벽에 고양이가 또 쌀 거잖아.
　하지만 애야, 그런 애들이 정말로 네 친구들이니?
　친구가 아니면 그럼 뭐냐고. 딸애가 묻는다.
——「모래밭」부분

　병원에서 이 비성년 화자 '나'가 마주하고 있는 것은 단지 자신과 치통을 공유할 수 없는 의사가 아니다. 이 말은 '나'가 통증이라는 개별적 경험(모든 고통은 각자의 것이라는 점에서 개별적인 것이다)을 타인과 공유할 수 없어 애석해 하고 있다는 뜻이 아니다. 오히려 여기에서 문제가 되는 것은 치통이라는 개별성이 개별적인 경험으로 존재할 수 없는 상황이다. 통증이 온전한 개별성으로 존재할 때, 그것은 통증을 대체 불가능한 고유의 경험으로 받아들이는 존재들에게 개별성의 벽을 깨면서 동일한 '이해' 지평에서 받아들여진다.
　"여기도 똥 저기도 똥 알고 보니까. 어제까지 진흙인 줄 알았던 것이 물똥이고 설사였던 것인데" 한 놀이터 모래밭에서 놀던 아이들은 '똥'을 공유하지 못한다. 아빠의 목소리를 '흉내' 내지만 실은 소년의 날목소리로 말하는 이 비성년 화자가 보기에 이것은 "똥", 즉 수치심을 나눠 갖지 못하는 일이다. '친구들'이 만일 존재론적 의미를 지닌 '공동체'라면 그것은 수치심, 즉 동일한 유한성의 지평에서 각자 마주한 존재의 바닥을 공유하는 공동체일 것이다. "도시는 어차피 주인이 부재한 파이프들을 따라 한 몸으로 맴돌고 있는 것"이고 "파이프들에게 친구는 눈 깜짝할 사이에 만들 수 있는 것"(「우리 시대의 배후」)이지만, "도시"를 구성하는 이 만들기 쉬운 "파이프"는 김승일의 친구들이 아니고 애인도 아니다. 그것들은 사회에 속한다.

  김승일 특유의 시적 화자가 등장하는 인상적인 목소리들이 독자들에게 어떻게 들리든 간에, 여기에서 확인되는 것은 이 형제가 서 있는 공간의 기저에는 '사회'의 그것과는 다른 차원의 것이 놓여 있다는 사실이다.

    부모가 죽고 세 달이 흐르자. 아무도 화장실을 청소하지 않았다. 네 달이 흐르고. 변기에서 쥐가 튀어나왔어. 그렇다면 변기는 수영장이로군. 다섯 달과 여섯 달을. 나는 행진이라고 불렀다.

    지각은 지각인데도. 쥐가 무서워서 똥을 누지 않았고. 나는 화장실이라 화장실에 가지 않았다. 다시 행진. 이제 나는 캄캄한 창고 같았고. 학교가 된 거실처럼. 간격은 변수 같았다. 이봐, 수영장. 창고 안에서 고여 있는 기분이 어떤가? 똥이 없어서 쥐가 죽었어. 가능성에게 화장실을 맡기고. 굶어 죽은 쥐를 보러. 나는 창고에 갔다. 캄캄한 가능성 위에 부모처럼 누워. 배신이 기다리고 있었다.
──「화장실이 붙인 별명」 부분

 형은 동생을 때릴 때 찝찝하지 않아? 나까짓 게 때리면 부끄럽지 않아? 싸울 때 부끄럽다니, 형제란 건 사내답지 않군. 나는 배시시 배시시, 입속에 고인 피를 세면대에 뱉는다.

 타일 사이사이로 누런 십자가, 형이 변기에 앉아 똥을 누면서 양치질을 할 때 새파랗게 질린 구름, 나는 샤워를 하면서 오줌을 눈다. 하필이면 화장실에서 형제는 왜 또 치고받을까? 확실한 것은 그들이 수치를 나눠 갖기 위해 싸운다는 것. 이것이 그들의 종교. 주먹이 까졌다. 창피하게.
──「방관」 부분

 이 시집에는 "부모가 죽고 세 달이 흐르자, 아무도 화장실을 청소하지 않았다"라는 시적 정황이 동일하게 제시되고, 화자가 형(「부담」), 동생(「방관」), 부모(「가명」), 화장실 또는 제3자(「화장실이 붙인 별명」)의 시점으로 각각 변형되는 네 편의 주목할 만한 시가 실려 있다. 각각의 텍스트는 독립적인 동시에 일정한 시차를 발생시키면서 내러티브적 연관성을 보인다는 점에서 연작이라고 불러도 무방하다. 이 시들에서 나타나는 다음과 같은 사실은 지금까지 우리의 논의뿐만 아니라 김승일의 첫 시집이 지닌 새로움을 생각할 때 주목할 대목이다.

첫째 김승일의 시에서 시적 주체로서 비성년 화자들이 서 있는 자리는 "부모가 죽고 세 달이 흐"른 뒤다. 그 자리는 "내가 배달된 해에, 할아버지가 둘 다 죽"(「멋진 사람」)은 그 시점이기도 하다. 죽은 것은 단지 부모가 아니라 할아버지 둘 다이고, 그래서 윗세대는 부재한다. 흥미로운 점은 이러한 상황에 대처하는 시적 주체의 태도다. 할아버지의 죽음에 마주해서 '나'는 "할아버지들은 돌아오지 않는다. 이것이 혹독한 현실. 하지만 사명감은 갖지 않을래"(「멋진 사람」)라는 입장을 표명한다. "부모가 죽고 세 달이 흐르자, 숙제가 밀리면 그 숙제는 하지 않"고(「부담」) "매일 아침 운동화를 닦고 테니스를 치러 나가"는 게 형의 방식이고, "강해지고 싶어서, 나는 오늘도 학교에 가지 않"(「방관」)는 게 동생의 방식이다. 동생은 "부모가 동시에 죽고, 이제 누가 화장실 청소를 하나?"(「부담」)라고 자문하기도 한다.

새로운 시적 주체의 등장이 세대 단절의 선언문이 되는 일은 드문 일이 아니다. 그러나 이러한 주체의 태도는 한국 시사에서 가장 강력한 인상을 준 그 선배들의 세대 단절의 격문과도 양상이 다른 것이다. 가령 1980년대 후반 장정일의 소년은 "방이 하나라면/근친상간의 소문을 무릅쓰고/어머니와 아들이 함께/지낸다 [……] 방이 하나면……/아아 개새끼!/나는 사람도 아니다"(「방」, 『햄버거에 대한 명상』)라고 말했다. 이 화자의 무의식을 여전히 괴롭히고 있는 것은 세대 간의 연루를 전적으로 부정할 수 없게 하는 화자 스스로의 공모 의식이다. 2000년대 중반 황병승의 소년은 "떠나기 전, 집 담장을 도끼로 두 번 찍었다". 그는 이 행위에 대해 첫 연에서 "그건 좋은 뜻도 나쁜 뜻도 아니었다"(「주치의h」, 『여장남자 시코쿠』)고 말한다. 이 단절은 표면적으로는 단호하지만, 여전히 부모와의 관계에 있어 주체에게 남아 있는 어떤 정념의 존재를 암시하고 있다. 첫 연 이후 계속되는 부모에 대한 이야기들은 그 내용과 상관없이, 이 시적 주체의 무의식에서 여전히 휘발되지 않고 남아 있는 정념의 존재를 증거한다.

　김승일의 시적 주체의 경우, 이 작품들에서 부모의 죽음을 알리는 정황은 "부모가 죽고 세 달이 흐르자"라는 객관적 진술의 형태로만 단적으로 드러나고, 이후의 연에서 부모와 자식(형제) 간의 관계에 대한 이야기는 더 이상 진술되지 않는다. 이 연작들은 단지 "부모가 죽고 세 달이 흐"른 뒤 형제들의 일상만을 보여줄 뿐이다. 형제는 형제 각자의 생활을 해 나가고, 여기에서 유일하게 문제가 되는 것은 "화장실 청소를 할 사람이 없다는 것"(「방관」) 그것뿐이다. 이 얘기를 비극적인 것으로 읽는 일은 난센스다. 어떤 의미에서 이러한 반응은 그 감각이 '윗세대'에 속해 있다는 뜻일 수도 있다. 비극은 정황에서 비롯되는 것이 아니라 주체의 정념에서 비롯된다. 시적 정황은 비극적일지 모르지만, 이 시들의 주인공인 형제의 태도는 놀랄 만큼 '쿨'하다. "혹독한 현실. 하지만 사명감은 갖지 않을래. 사명감이 없는 애는 나밖에 없을 테니까. 있으면 어떡해? 있으면 좋지"(「멋진 사람」)라고 말하는 게 이들의 태도다. 비극적 정황에서 희극적 아이러니를 발생시키는 것, 아니 발생시킨 그 희극적 아이러니를 끝내 유지하는 것, 이게 바로 김승일의 '쿨한' 주체들이다.

둘째, 그럼에도 불구하고 김승일의 시에서 집이 부모의 죽음 이후로 상정되고, 그 집에서 '화장실'이 가장 문제가 되며, 변기에서 쥐가 튀어나온다는 사실은 우리의 논의와 관련하여 의미심장하다. "변기에서 쥐가 튀어나"와서 집에서 똥을 눌 수 없을 때, 그 집은 똥을 눌 수 있는 공간으로서의 학교로 대체된다("운동장을 가로지르며 동생이 뛰어온다. 변기에서 쥐가 튀어나왔어. 괜찮아. 내일부터 학교에 오자. 똥은 학교에서 누면 되지. 그래 그러면 된다"(「부담」)]. 이 시집에서 강박적으로 반복되는 오브제가 쥐와 똥이라는 사실은 이 형제(이 시집의 비성년 화자)의 무의식에 있어 그것이 집과 학교에 대한 가장 강력한 이미지로 설정되어 있다는 뜻이다. 적어도 여기에서 확인할 수 있는 것은 이 형제에게 집과 학교는 '공동체'가 아니라는 사실이다.

셋째, 쥐와 똥으로 상정되는 집과 학교의 존재로 인해 이 시집의 무의식이 근접하는 곳으로서 '공동체'가 역설적으로 어렴풋하게 모습을 드러낸다. 학대받았던 비성년 화자들이 그들의 은밀한 기억의 공유를 통해 하나의 지평에 모이게 되었듯이, 부모가 부재하는(그것은 '사회'가 부재한다는 뜻이기도 하지 않은가) 화장실에서 형제는 무언가를 나누어 갖는다. 이를 테면 「방관」에서 "형이 변기에 앉아 똥을 누면서 양치질을" 하고 "나는 샤워를 하면서 오줌을 눈다"고 할 때, 이들이 공유하는 것은 무엇인가. "확실한 것은 그들이 수치를 나눠 갖"는 다는 사실이다. 똥과 오줌은 존재의 내밀한 바닥이다. 그것을 배설하는 자리가 화장실이다. 배설하는 자신을 타인에게 노출할 때 '수치'가 생긴다. 이 내밀한 수치심을 서로 마주 드러내면서 이 형제가 자신들도 모르게 자리잡게 된 '열린' 장소가 바로 여기, 화장실이다. "이것이 그들의 종교다". "나 까짓 게 때리면 부끄럽지 않아?"라고 동생이 물을 때, 형이 "싸울 때 부끄럽다니"라고 대답할 수 있는 까닭은 형이 부끄러움을 몰라서가 아니라, 내밀한 존재의 바닥으로서의 '부끄러움'을 동생에게 이미 다 보여주었기 때문이다. 거기서 개별적인 부끄러움은 드러낼 수 없는 개별성을 서로에게 드러낸 형제를 '하나의' 지평으로 묶어 세운다. "형제란 건 사내답지 않군"이라고 동생은 말하지만, 이 '사내다움'이란 실은 존재의 내밀성을 가까스로 보존하기 위해 쓰는 불가피한 가면이 아닌가. 그 가면은 사회의 것이다. 벗을 수 없는 가면을 벗어 맨얼굴을 드러내는 자리가 '화장실'이다. 모종의 윤리적인 화두를 제기하는 이 형제의 화장실은 그런 의미에서 '공동체'에 접근한다.

주목할 만한 사실은 이 자리에서 김승일 시의 비성년 화자들이 지닌 윤리적 정체성이 단적으로 드러난다는 사실이다.

> 동생의 마음이 이해 가지 않는 것은 아니다. 나도 양아치였으니까. 그렇지만 나는 깨달아버린 것이다. 학교에 가지 않는 양아치보다는 학교에 가는 양아치가 더 멋있다는 사실을.
>
> [……]
>
> 친구들이 모두 집에 돌아간 뒤에도 나는 학교에 남아 침을 뱉는다. 구령대에서, 나는 침을 멀리 뱉는 애. 부모가 죽고 세 달이 흐르자. 부모가 죽고 네 달이 흐른다.
> ─「부담」 부분

이 양아치는 종래의 양아치보다 확실히 진보했다. "학교에 가지 않는 양아치보다는 학교에 가는 양아치가 더 멋있다는 사실을" "깨달아버린" 양아치이기 때문이다. 이 연작에서 학교는 부재하는 집이고, 부재하는 집은 쥐가 튀어나오고 똥을 싸는 곳, '화장실'이다. 이 시집의 주인공인 비성년 화자들의 무의식에서 집이자 화장실인 학교는 따돌림의 장소이고, 얼차려의 공간이며 종종 그들로 하여금

"체육관 천장에 목을 매"(「체육관의 우울」)거나 "십자가에 매달릴"(「마녀의 딸」) 상상에 빠지게 하는 장소. 그럼에도 불구하고 이 양아치가 그곳을 회피하지 않는다는 사실은 얼마나 놀라운 일인가. 침을 뱉어도 "나는 학교에 남아 침을 뱉는다". 이 '실천적' 태도에 드러나는 윤리 감각을 앞으로 '양아치의 윤리'라고 부르자.

우리가 걸어가면 우리는 네 마리 도롱뇽들

군대에서 세례를 받은 우리들. 첫 고해성사를 마치고 나서 운동장에 앉아 수다를 떨었다.
난 이런 죄를 고백했는데. 넌 무슨 죄를 고백했니? 너한텐 신부님이 뭐라 그랬어? 서로에게 고백을 하고 놀았다.

우린 아직 이병이니까. 별로 그렇게 죄진 게 없어. 우리가 일병이 되면 죄가 조금 다양해질까? 우리가 상병이 되면…… 고백할 게 많아지겠지? 앞으로 들어올 후임들한테, 무슨 죄를 지을지 계획하면서. 우리는 정신없이 웃고 까분다.
—「같은 부대 동기들」 부분

김승일 시집의 비성년 화자들이 모인 자리를 우리는 '공동체'라고 불렀다. 정확히 말해 공동체에 근접하는 어떤 것이라고 말했다. 그의 시에서 애인과 친구들, 형제는 적어도 '사회'에 속하지 않는다. 거기에는 사회적 효용도, 계약도, 규칙도, 목적도 없다. 대신 그들은 나눌 수 없는 존재의 내밀성 그 자체를 나눈다. 그 내밀성은 때로는 저마다 겪은 학대의 경험이고, 때로는 자신이 키우던 고양이 머리가 배달되는 그 자신만의 '더한 꿈'이며, 때로 그것은 똥과 오줌을 타인 앞에서 배설하는 자가 느끼는 수치심이다.

그런데 그들이 나누는 것의 목록에는 이 시에서 보는 것처럼 '고해성사(고백)'도 있다. '고백'을 고백한다? 부대 동기들을 '같은' 부대 동기들로 묶는 것은 신의 대리자인 신부에게나 들려준 그들 저마다의 은밀한 고백이다. 그건 다름 아닌 그들의 '죄'다. "정신없이 웃고 까"부는 이 고백 놀이는 신과 마주한 자리에서나 발설되는 지극한 내밀성의 놀이화다. 이 놀이의 놀라움은 그 내밀성이 지닌 절대적 밀도에서 비롯된다. 고해성사란 어떠한 타인에게도 말할 수 없는 것을 말함으로써, 그 말함의 형식 자체로 신을 단독자로서 마주하는 존재론적 도약의 체험이 아닌가. 여기서 발생하는 게 바로 '종교(적인 것)'이다. 단독자로서 신과 마주하는 이 고백의 형식이 그 형식 자체로 종교적인 체험이 되는 것은 무엇 때문인가. 이 고백의 성격이 말되어질 수 없는 것을 말한다는 절대적 내밀성을 지니고 있기 때문이다. 이 절대적 내밀성은 그것이 곧 그 자신의 '죄'라는 점에서 비롯된다. 그것은 누군가에게 학대받았던 한 인간이 오히려 누군가를 학대했던(학대할 수 있는) 자일 수도 있음에 대한 자각이고, 자기 죄에 대한 무의식적 인식이며, 인간 개체의 저 바닥에 똬리를 틀고 있는 자기 안의 '쥐'이기도 하고 '똥'이기도 한 것을 자각한 자들이 대면하는 수치심이기도 할 것이다.

김승일의 여러 시들에서 유년시절 부모에게 또는 학교에서 학대받았던 친구들은 이 시에서는 고백을 고백하는 은밀한 놀이를 통해 '같은 부대 동기들'이 된다. "우리가 상병이 되면…… 고백할 게 많아지겠지? 앞으로 들어올 후임들한테, 무슨 죄를 지을지 계획하면서" 벌이는 놀이는 윤리적으로 의미심장하다. 그들의 놀이는 학대받던 자가 학대자이거나 또는 학대자가 될 수도 있다는 자각(일병과 상병에게 학대받던 모든 이병은 곧 일병이 되고 상병이 된다), 아직 짓지도 않은 미래의 죄, 그러므로 세상의 죄가 내 죄일 수도 있다는 자각을 통해 모종의 '공동체'에 접근하는 놀이이기 때문이다. 이 윤리적 지평의 자리, 이 동기들이 모여 노는 여기는 아무리 보아도 '사회'가 아니다.

　소녀들이 불을 피해서 물속으로 들어갔다.
　미끌미끌한 물풀이 발에 감길 거야. 물풀은 숭숭 뽑히고 물풀은 아무 데나 움켜쥔다. 기억하렴.
　너희가 물풀이 되면, 몇몇은 표면에 조개껍질을 달고, 몇몇은 테두리에 가시를 만들겠지. 발목에 집착할거야.

너희는 하천 모래 바닥에 누워 있다. 서로를 문질러 주렴. 이젠 안심이니까.

　천천히 수면 위로 상단(上端)을 내밀고. 억새들이 스르르 녹는 것을 지켜보았어. 우리가 지른 불이야. 한 소녀가 말했다. 얘, 반성하려고 물풀이 된 건 아니잖아. 불은 둑을 따라 달려 나가네. 모레는 한강을 다 태우고 수요일에는 풍네프까지 잿더미로 만들 거야.

　소녀들이 서로의 귀에 불어를 속삭였다. 근사해, 근사하구나, 하지만 너흰 물풀이잖아. 물풀이 숭, 숭, 뽑히고 있어. 아무 데나 움켜쥐는 물풀의 가시는 날카롭지.

　물에서 나는 탄내는 무서운 것이었다. 냄새가 몸에 밸까 봐.

　　　　　　　　　　　　　　　　　　──「초록」 전문

　시인의 이 특이한 윤리 감각이 이런 모호하면서도 매혹적인 시를 만들어낸다. 이 시에는 분명하게 해명하기 어려운 모호한 이미지가 여럿 있다. 무엇보다도 "소녀들"이 피해서 들어온 저 "불"의 실체가 무엇인지가 의문스럽다. 얼핏 보면 "소녀들이 불을 피해서 물속"으로 들어올 때 소녀들은 불의 피해자인 듯이 보인다. 이때 이 '피해자들'에게 "물속"은 불을 피하는 대피처가 된다. 그러나 "우리가 지른 불이야"라는 말로 이런 추측은 곧 부정된다. "불"을 지른 것은 그들 자신이다. 하지만 그렇다고 하여 이 "불"을 어떤 도덕적 해악의 의미로 해석하기도 쉽지 않다. "불은 둑을 따라 달려 나가네. 모레는 한강을 다 태우고 수요일에는 퐁네프까지 잿더미로 만들 거야"라는 언술이 유발하는 기이한 유희성이 "불"에 대한 도덕적 의미 접근을 희석시키기 때문이다.

 그러나 "불"의 의미가 무엇인지를 명확히 규정하는 것보다 더 중요한 것은 이것을 어떤 방식으로 읽든 간에, "냄새가 몸에 밸까 봐"라고 말하는 이 소녀들('물풀')의 무의식에서 '죄'의 연루를 부정하지 못하는 모종의 '죄의식'이 감지된다는 사실이다. 그 불이 누가 지른 것이건, 어떤 일 때문이건, 어디에 지른 것이건 간에 뭍에서 일어난 불은 물속으로 들어가도 지워지지 않는다. 그리고 "물에서 나는 탄내는 무서운 것이"다. "소녀들"이 "물풀"로 몸을 바꿔도 "냄새가 몸에" 배는 것은 피할 수 없다. 물풀이 된 소녀들은 "몇몇은 표면에 조개껍질을 달고, 몇몇은 테두리에 가시를 만들" 것이다. 불을 피해 물속으로 들어온 소녀들이 물속에서 "아무 데나 움켜쥐는" 날카로운 가시를 지닌 물풀이 되고, 물풀로 바꾼 몸에서조차 휘발되지 않는 "탄내"가 난다. '초록' 공간에 배어 있는 이 "탄내", 더 정확히 말해서 분명치 않은 이 "탄내"를 맡는 은밀한 공통감각이 이 소녀들을 하나의 물속으로 모이게 하고, 그들을 "서로를 문질러 주"는 "물풀"로 만든다. 역시 이 '초록'은 사회가 아니다.

식기 시작한 것들은 미끄러웠어 할머니가 쏟은 가래, 도롱뇽 알, 갓난아이, 녹조 위로 떨어지는 햇볕, 개천으로 뛰어드는 친구들, 친구들을 따라 뛰어드는 나, 딛는 곳마다 물이끼가 밟히고 수온은 미지근했지

머리가 오백 원짜리 동전만 한 올챙이들 나는 올챙이가 초식 동물인 줄 알았어 한 놈 대가리에 열이 붙어 씹고 있을 적에도
풀을 뜯어 먹는 줄 알았어 개미 떼가 빨고 있는 사탕 파리 떼가 엉겨 붙은 석양 녘에도 피 흘리지 않는

내 또래 애들은 물이끼를 밟고 풍덩 넘어지는 것을 좋아해 그래서 나도 넘어져봤어 친구들, 친구들처럼…… 꿀꺽꿀꺽 개천 물을 마실 때마다 가시가 달린 청각(青角)처럼 쉽게 팬티 속으로 들어오는 것들

한 번 들어온 징그러움은 영원한 협력자다

우리가 걸어가면 우리는 네 마리 도롱뇽들, 따라오던 내 동생은 아까 넘어져서 돌쩌귀에 머리를 찧었는데 아직 거기 꼼짝 않고 누워 있는데 피는 한 방울도 나오지 않았지 친구들은 계속 걸었고
나도 따라 걸었어 우리는 네 마리 도롱뇽들 물을 너무 마

셔서 콧물만 나왔어

  야광 잠바를 입은 친구가 신발 사러 엄마랑 백화점에 간대
그런데 기침을 자꾸 하는 애도 다섯 시에 태권도를 간대
  내 동생도 집에 가서 설거지를 해야 하는데
  저렇게 누워만 있어

  우린 꽤 멀리 왔지? 그런데 다들 어디 갔니? 난 우리가
어딘가 당도(當到)하려는 줄 알았는데

  뒤집혀진 장갑 속에서, 기름에 전 장화 속에서
  나 알을 찾았어 축 늘어진 청포도, 청포도였어
——「조합원」 전문

"도롱뇽 알, 갓난아이" "올챙이들"은 형체조차 제대로 거느리지 못한 약한 존재의 형상으로 학대와 수치와 배고픔과 끔찍한 꿈들을 제 몸에 품고 있는 존재의 "알"들이다. 이 "알"들은 "할머니가 쏟은 가래"처럼 생의 유한성(죽음)과 존재론적인 상처들, 은밀한 죄의 형상을 자기 몸에 새기고 있지만, "한 번 들어온 징그러움"을 "영원한 협력자"로 삼음으로써만 제 존재의 알이 비로소 부화될 수 있음을 알고 있다. 그러므로 "뒤집혀진 장갑 속에서, 기름에 전 장화 속에서" 김승일의 "도롱뇽" 친구들이 찾으려는 "알"

이 싱싱한 포도가 아니라 "축 늘어진" "청포도"('포도'가 아니라)인 것은 까닭이 있다. 존재의 외상적 진실이 새로운 생명으로 부화되고 되돌려지는 그 자리는, "식기 시작한 것들"('할머니')이 뱉어내고 산란한 알들의 처소이며, "축 늘어진" 것이 그 스스로 푸른("청") 포도가 됨으로써 존재의 다른 가능성을 개방하는 자리이다. 그러므로 "축 늘어진 청도포"에 담긴 "알"에서 성적 이미지를 떠올리는 것은 자연스럽다. 오줌을 누는 배설기관이 생명의 알을 낳는 성기라는 역설만큼이나 자명한 존재론적 진실이 어디에 있겠는가. 김승일의 시들에서 급식을 거른 아이들이 모이는 학교 옥상이 "짙은 초록"(「옥상」) 빛 이미지로 나타나고, 오줌과 똥을 누는 '화장실'이 형제에게 '사회'가 아닌 다른 공간으로 열리는 것도 이런 맥락이다(「부담」).

미끄러움과 탄내와 비린내와 가시가 얽힌 곳, 존재의 모호하고 내밀한 외재성이 거주하는 그곳은 어디인가. "우리가 걸어가면 우리는 네 마리 도롱농들"이 되는 거기에 그곳은 있다. 거긴 '엄마랑 가는 백화점'에도 없고, '태권도장에 가는 다섯 시'의 시각에도 없다. '사회'로부터 가능한 "최대한 멀리"(「오리들이 사는 밤섬」) 가는 독고다이 식 걸음 자체를 자신의 유일한 존재 지반으로 여기는 자리에서만 그곳은 개방된다. 거기에서 서로 학대를 이해하게 된 소년들, 고양이 머리가 든 소포를 받는 누나, 화장실에서 수치를 나눠 갖는 형제, 고백을 고백하는 군대 동기들, 물풀이 된 소녀들은 사회의 구성원이 아니라 '공동체'의 '조합원'이 된다. 이 조합원들의 세계가 김승일의 '도롱뇽 공동체'다.

　김승일의 도롱뇽 공동체 '에듀케이션'은 "뒤집혀진 장갑 속에서, 기름에 전 장화 속에서" "당도하려는" "알"과 "축 늘어진 청포도"의 윤리다. 예컨대 "한 번 들어온 징그러움"을 "영원한 협력자"로 여기는 일. "내려가는 층계가 없는" 옥상을 오르는 일(「홀에 모인 여러분」). 또는 작은 옷장 속에 숨은 (아직 낳지 않은 미래의) 딸아이에게 "작아져서 살아간다는 것은 잠깐 작아지는 것과는 차원이 다른 일이야"(「옷장」)라고 가르치는 일. 혹은 "깊이 잠들지 않고 더 많이 질문하기 위해 그들은 서서 잔다"(「선잠 자는 전봇대」)는 관찰법 같은 것.

　이 에듀케이션의 공동체, 그렇다면 거기는 시의 공동체. 이제 "우리들은 서로에게/가르쳐줄까//지금 막 우리들이/알게 된 것을".